考验

证严法师

面对挑战的智慧

我的慈济之旅
——代感谢辞

记得一位朋友说过,每次,当我提到慈济的时候,眼中都似乎有了光;师父证严上人也曾说,我的细胞里都有慈济……

并不是因为我加入了慈济,才心心念念都在慈济。而是因为,在我成长的年代里,就一直向往着先贤那种"为天地立心、为生民立命"的伟大襟怀;当我初入世道,艰难跋涉的时候,更是不断在寻找着、在期待着一条可以济困扶危、安顿人心的大路。终于,在寻寻觅觅了许多年后,我遇到了慈济这个团体,认识了证严法师。

一步步深入到慈济的理念和志业里,我知道,我已经幸运地踏上了这条路。

到今天,我参加慈济整整二十个年头了。也许是过去的那分怀抱,也许是早年挣扎奋斗的经历,我往往会把自己拉开距离,用一种比较客观的、理性的态度来看慈济、看师父。也是在这样的过程中,让我一再地反省自己、惕励自己,从而更全面而挚切地认同了慈济。

二十多年的投入和观察,我常常想,如果我处身在师父的环境和角色中,会怎样做呢?遇到那些纷纭繁杂的问题时,我的抉择又会如何?不只一次,我曾以为还有更好的方法,更佳的选择;事实的发展却一次又一次验证了我的错误。往往都是在事后,甚至若干年后,我才发现,师父的见地与做法,竟是那么恰当,那么地圆融透彻而充满了智慧。

也曾看过师父面对挫折时的态度,看见外界对他的误解,看到他瘦弱的身影在重重压力下的劳累与坚持。他的身体并不好,他的意志却出奇地坚定。他说话时,声色柔和;做事时却刚健有力。在师父身上,我真正体会了"能耐天磨方铁汉"的道理。

师父既是一位悲智双运的宗教家,又是一位身体力行的实践者;他对中国传统文化有很深的情感与虔敬,同时却能与时俱化,用现代的眼睛和语言,赋予这一切以新意。他那无所求的付出,配合当前台湾的环境、社会的条件,以及无数热心人士的参与或支持,都使得他能发挥出无比的力量,造福当代,润泽四方。他的影响所及,何止是一时一地而已?

有幸追随证严法师，是我最大的福缘，更是我永远的感恩。

此外，我衷心感谢好友高信疆先生。

高先生在新闻传播和文化事业上的卓越贡献，大家都耳熟能详了。他深厚的人文素养、广泛的阅读经验，他的文采、识见，加上他和慈济的渊源，大大丰富了这本书的内涵。也是在他的大力辅助和润饰下，本书才有了今天的面貌。

早自一九八九年年初，高信疆先生就在我的详细介绍下认识了慈济。没多久，他在我的恳切相邀下，毅然辞去了人人称羡的《中时晚报》社长一职，成为慈济的义工。

从那时开始，他整理介绍慈济的文案，撰述有关的文字，为慈济护专写校歌、设计招生海报，更主动邀约了海内外各界的知名人士、媒体界的朋友，请他们到花莲来，让他们认识慈济的过去和现在——一时间，国内外各大报刊都出现了一篇篇关于慈济的报导和介绍。这是"台湾发现慈济"的一年。那年的高潮，就是我们合作《静思语》一书的出版。

《静思语》甫一推出，就造成了轰动；数年间印刷了三百多版，破了当年台湾出版界的纪录。

这些感人的付出和奉献，常常在我心中回响。这也是我在此特别记下当年的片断，要深深感谢高信疆先生的理由。

我还要感谢石芳瑜女士。本书初稿是在她的参与下完成的。她的耐心与认真，给我留下深刻的印象，她阅读了许多资料、查证了不少事实，协助我进行撰写的工作。她让我见到了一位热心报导工作者的专业伦理与工作态度。

所有的慈济人，都是我的师长，是我学习的对象，这本书，也是对他们的致敬。

最后，我愿以此书献给我的牵手——郭淑缘。是她，带领我进入了慈济，并且一路支持我，鼓舞我，充满喜悦地走在慈济路上。我在外面工作，有时疲倦了，她会给我规勉；有时繁忙了，她会给我帮助。她总在分担我的工作与烦忧、我的希望和快乐。

她是我在慈济道上最好的指标和伴侣。

何國慶

证严法师面对挑战的智慧

一九九九年九月二十一日,是一个生活在台湾的人,永远也忘不掉的日子。许多忘不掉的伤痛、恐惧,忘不掉的故事,还有忘不掉的面容。

电视里传来一幕幕让人不忍卒睹的画面。山川移了位,地面或者裂开,或者隆起;最骇人的是那些拦腰折断的高楼,以及在无数钢筋水泥下痛苦挣扎的生命,更是让人情何以堪。

正当这场无情的灾难,将许多人一生的努力与梦想,化为一片瓦砾的同时,却也燃起了一把火,烧出台湾这个看似冷漠社会的光和热。

荧幕中,救难人员奋不顾身地卖力抢救,身后则不时出现一群穿着蓝衣白裤的人,他们有的陪伴着现场焦急无助的家属,有些则不时为工作人员递上毛巾、茶水和食物。不少人认出了他们,他们是慈济人。

在第一时间里进入灾难现场的,是慈济人。而后,大批的慈济人纷纷走进灾区、走上街头，努力投入协助灾区救援的工作。这时候，慈济和人们的距离似乎更近了。

许多人不禁好奇：慈济强大的动员力量来自何处？为什么面对这场浩劫，他们能这般有效率、有组织地及时投入现场？为什么这么多人愿意投身这个团体？他们的信念是什么？

事实上，这些都是历经无数考验与执著，淬炼出的结果。而这，正是本书想要与你分享的——慈济怎样从证严法师的悲愿中开始，如何一步步走出了福泽广被的大爱的天地，怎样面对着一次又一次严峻的困难与挑战。这不只是慈济人成长的故事，这也是一切有为的个人、有心的企业，在现实的挑战与理想的追寻中，足堪借鉴的一面明镜、一则启示。

史学家汤恩比（Arnold J. Toynbee）先生曾经以《挑战与回应》的大观念，诠释了他对人类各大文明兴衰轮替的卓越见解。人们面对挑战时的因应如何，是否有足够的创造力和适应性，每每就决定了一个文明的前途。一个团体，何尝不是如此？

回顾慈济人路遥山远、艰辛备尝的历程，身为这个团体一分子的个人，深深感受到挑战的无所不在；以及在这些大大小小的各式挑战中，法师展现的动人智慧和鲜活的创意。它们的纵横

考验

交错,烘托出了本书的中心:我将尝试着剖析每则故事背后的挑战与回应,以及慈济人在其间所受到的广泛启发和深远的影响。

当然,这只能说是个人的一些认识与感受,是我和慈济的朋友们长期互动下的若干心得。有的解释或许不足,有的可能不够周延。这些年来,慈济做了那么多事,我只能举出印象中最鲜明的部分罢了,好在慈济的志业有太多人参与,未来,当会有人填补上这些疏漏吧!

更重要的是:慈济人不过是伸出了双手,一手拉着那些痛苦无助的人;一手接过无数慈悲人士的关怀,让人间的爱,藉由慈济的手,欢喜自在地流动着。

因此,这也是一本感恩的书。感谢所有为生命的残缺而付出、为人间的不幸而奉献的人。因为这么多人的关切和投入,才谱出了今天呈现在大家眼前的——慈济的"善的循环"。

目录

第二篇

巨大的挑战

第三篇

教育的拓垦

第四篇

不断地提升

第五篇

世界的经纬

第六篇

希望的明天

考验

第一篇

艰难的起步

三餐不继，

还能坚持"三不"吗?

——小木屋里的大志气

逆境就如磨玉的磨石，不磨不发光。

证严法师

背景

现在，许多人对慈济的印象多半是"资源丰富、人脉广阔"；法师的信众遍布世界各地。但人们可能不知道，这位四十多年前在花莲普明寺后一座小木屋内修行的比丘尼，当时几乎是一无所有，矢志"不收弟子、不化缘、不做法会"。

日后另有一段因缘，法师才开始收弟子(有关这一因缘，下节将会谈到)。不过不做法会、不化缘的原则,至今未曾打破。

其实,出家人化缘、接受供养,仿佛自古以来就是天经地义的事,但法师深受百丈禅师的化育及影响,坚守"一日不作,一日不食"的生活准则,绝对力行自力更生,不受供养。

只不过这样的坚持,却让这位当时身无分文又没有特殊技能的修行者,尝尽了苦头。

考验

当原则与现实的生存问题相抵触——面临三餐不继、一穷二白时,仍能坚持下去吗? 答案往往是否定的。可是在如此艰困的处境,法师非但没有丝毫退缩的念头,反而不断地探求生存本领,作为因应变通。

最早,法师用的是从慈云寺学来的本事——种田。一九六五年,他和当时追随的几位弟子,一块儿开垦了花莲普明寺后荒芜的旱田,种植花生等作物维持生计,日常除了诵经修道,便是辛勤种田。法师的大弟子德慈师父尤其坚毅,遇到农忙时借不到牛,甚至自个儿拖着奇重无比的犁,下田耕作。如此勤奋工作,却仍不足以糊口。农作的收成,经常不够支付买肥料的钱。

忆起当年的困境,德慈师父告诉我们:"有时候,上人和我们三位弟子一天的菜色,只有一块豆腐,没办法,只得把豆腐切成四小块大家分,再沾些盐巴配饭吃。晚上,四个人挤在两个榻榻米大的床上,以卧如弓般的睡姿入眠。"

光靠种田显然难以维生,法师亟思开源,于是师徒几个人开始织毛衣、将水泥袋改成小饲料袋、缝制婴儿鞋、织棉纱手套、为成衣做加工、做婴儿尿布、手拉坯、种菊花、捏塑胶花……举凡想得到的生财方法,几乎都曾尝试去做。现在各位如有机会到花莲的静思精舍参访,将发现历经四十多年,师父们依然奉行"一日不作,一日不食"的生活清规,未曾改变。他们仍旧保有自己耕作的田亩,只不过当年的饲料袋、婴儿鞋,已经由蜡烛、豆粉,以及出版社的版税取代了。

影响与省思

四十余年来,上人坚持自食其力,最深远的影响是:慈济的会员们深信,在当年那样艰辛的环境下,法师和他的弟子们都能咬着牙渡过难关,自谋生路、不受供养,今天各界捐给慈济基金会的钱,也绝对不会挪用到精舍师父们身上。

更令人敬佩的是,精舍师父们不仅不会动用基金会的钱,还义务为基金会工作。就是这种无私无我的精神,让每位投入慈济慈善工作的会员真心诚意地付出金钱、智慧与时间。而以回馈与服务为目标的"志工"系统,也在这种信心与共识下建立起来。

人生的途程很长,多少人一旦遭遇挫折,便倒下了、放弃了或妥协了。法师一路坚定地走来,让我们深深地体认到,只要坚信自己的选择与原则是对的,再苦再难也得坚持到底,不能轻言放弃。

历史上有多少伟大的思想家、科学家、宗教家或社会改革者,无论在怎样的颠沛流离或困顿失败之中,都能不改其志,无忧无惧,甚至还乐在其中。

终于,他们突破了重重障碍,而能走过暗夜、烛照千秋。

文明的进展,人性的光辉,几乎都是这样书写下来的。

一时的感动，
能否付出终身的代价？
——血的启示

知是行之始，行是知之成。

王阳明

背景

　　每当我们听到别人的不幸，心头难免一阵抽痛，甚至寝食难安，悸动久久不能平复。但多少人能够将内在的感动化为具体行动，将心中的关怀送到不幸者手中？人们寻常的恻隐之心与不忍之情，又能激发出多少力量？

　　一九六六年的某天，法师到一家医院探望一位弟子的父亲。

正当他走出病房时,突然看到地上有一摊血,感到十分疑惑,便问:"地上怎么有这么多血?"

旁人告诉他:"这是丰滨山上一位原住民妇女因难产留下的血迹。她的族人抬她走了八小时山路,到这里已经昏迷了;医院说要先缴八千元保证金,才能动手术,但他们根本没有那么多钱,医院又不愿承担风险,妇人只好又被抬回去。"

法师听了,心痛不已,惦记着这位妇人的生死,久久不能释怀。这件事使他更深刻地体认到,要普度众生、做救济工作,经费是最现实的问题。于是当时便下定决心——要努力筹钱来救人。

考验

对一位不盖寺院、不兴法会,甚且连自己生活都成问题的比丘尼而言,筹钱救人岂是容易的事?

但这摊血的鲜明记忆,却让法师立下宏愿,他想:如果不能将佛教的慈悲精神化为行动,不知还会发生多少类似的悲剧?

正当此时,法师想起千手千眼观世音菩萨的慈悲,突然灵机一转:如果能集合五百位善心人士的力量,就有一千只手、一千只眼,不就如同千手千眼菩萨了吗? 假使这五百个人能散布在各地,千手千眼观世音不就无所不在了吗?

当时正巧印顺长老(证严法师的师父)需北上授课,而位于嘉义的妙云兰若道场,没有人主持,希望法师前去主持。花莲的信众们一听说法师要离开,万分不舍,其中有三十位妇女便联名写信给印顺长老,要求让法师留在花莲。这种景况,让法师想到了一个筹钱救人的法子:既然一时找不到五百位菩萨,就先从眼前这三十位开始吧!

仔细盘算后,法师向弟子们提出了初步计划。他说:"现在寺中连同我有四位修行者及两位在家的老菩萨,一共六个人,每人每天增产一双婴儿鞋,一天便可多赚二十四元,一个月七百二十元,一年可积蓄八千多元;这些钱就相当于可救那位难产的妇人一命了。"

至于那三十位联名上书的妇女,法师则要他们每天到市场买菜前,先投五毛钱在竹筒里,这样一天有十五元,一个月就可存下四百五十元了。

"主妇上菜市场前,先丢五毛钱在竹筒里",这项轻松行善的"创举"渐渐地在花莲传了开来,响应的人愈来愈多。

一九六六年农历三月二十四日,"佛教克难慈济功德会"正式成立。"功德会"募集来的钱,全部作为救济之用,法师和他的弟子不曾动用分文,大家仍然坚守"一日不做,一日不食"的清规。

渐渐地,参与"功德会"的信众,纷纷要求皈依法师门下。他原本只想清静修行,不想做住持,才发愿"不化缘、不做法会、不收弟子(也不收在家弟子)",但为了"功德会"的大悲大愿能切实发挥救人于万一的功能,只好破例,并订下接受皈依的两项尺规:

第一,凡皈依者,必须成为"慈济功德会"的会员。

第二,凡皈依者,必须实际负起"慈济功德会"的社会救济工作,不能徒说空言。

这两项尺规一订,座下弟子急剧增加,"慈济功德会"的工作,也就一步一步地延展开来。

影响与省思

所谓"知易行难",每当看到别人受苦,听到委屈或不公道的事,一般人会感动、愤慨;可是,再往下呢? 只是一时义愤填膺而已,还是真能将心中的想法付诸行动? 这才是一切考验的开始。

要一个人坚守原则很难,要他破除原则与想法往往更难。法师为了实践佛家"救苦救难"的精神,打破自己只想清修、"不收弟子"的坚持,还能创意十足地想到"每天在竹筒里丢五毛钱",让佛教的慈悲心,不着痕迹地落实到人间各个角落。

为了一位不知名妇人流下的一摊血,法师投入各种救难工作终身不悔。这样的精神感召了每一个慈济人;只要旁人有苦有难,就该拿出"我们不去救他,谁去救他"的慈悲精神挺身而出。

每每想起这则"血"的故事,总有深刻的体悟:当下的感动若不能化为具体行动,永远不能真正改变什么。

二十世纪的伟大人道主义者史怀哲(Albert Schweitzer),三十岁以前,他已经在神学、哲学与音乐的范畴内,有了相当的基础和表现,并且在大学里执教。却因为一篇《刚果地方传教士之所需》的文章,触动了他内心深处对于不幸者和弱势者的深刻同情,立刻下定决心:重新开始习医,以便直接献身于服务人群的终极关怀。这分实践力和行动力,不仅光大了他自身的理念,也在世界各地引起了长远的共鸣,对全球(包括台湾)产生绝对的影响,至今依然持续着。

倘若人人都能将心比心,勇往直前,尘世也一定可以成为净土。

救人反而酿成悲剧，问题出在哪里？

——一位受助户之死

行善不只要有爱，更要有智慧、有方法。

证严法师

背景

　　"佛教克难慈济功德会"正式成立了，救贫、救急、救病，以长期救助为目标的列车也正式启动。

　　第一个救助对象，是一位大陆来台、孤苦无依的八十六岁老太太。慈济功德会照顾她的衣食，并为她治病，让老太太安心颐养天年，直至老人家往生，料理完后事。此后，对于孤苦无依者，功德会总是从生活济助一直照顾到其往生。

第二个救助个案,是协助患有青光眼的卢姓女士到罗东五福医院开刀。慈济功德会分担了数千元医疗费,术后卢女士返家,慈济结束此案。

原以为已经帮助卢女士渡过最艰困的难关,往后的日子难免艰辛,但维持基本生活应该不会有太大问题。万万没想到几个月后,竟传来卢女士自杀身亡的消息。

考验

事情为何会演变到这步田地?除了痛心,功德会更想知道这一事件的原委。多方打听,才知道手术失败的卢女士回家后依然勉力操持家务,某一天为了想让孩子偶尔吃得好一点,用了三颗小小的高丽菜,煮了一锅菜粥给孩子吃,竟遭到先生责骂,怪她明知家里没什么钱,还不知节俭,煮一锅粥就用了三颗高丽菜;又嫌她不会赚钱,只会吃闲饭。受了这顿骂,她竟想不开而自杀了。

助人、救人的目的没有达成,又发生无可挽回的悲剧,情何以堪!卢女士之死让慈济救助众生的志愿遭遇空前的打击。

这次痛心的经验,提醒了法师:行善不只要有爱,更要有智慧、有方法,否则到头来白忙一场,甚至愈帮愈忙。必须对现行的济助方式,进行通盘检讨,避免悲剧重演。

深思熟虑后,法师对救助方式提出新的概念:物质上的济助并不难,其实贫困受创的人最需要精神上的长期支援。法师也为功德会立下新的原则:即便因受济户的环境有所改善而停止救助,仍须追踪辅导、给予关怀。并实施"济贫个案,三个月至少要拜访了解一次"的制度。

影响与省思

任何制度都会因时因地有所差异,需要不断地检讨、调整,才有可能日臻完善。卢女士的自杀事件,虽然不能怪罪于慈济,但就慈济的理念而言,这却是早期救助志业上的重大冲击,甚至是某种意义上的挫败。法师在挫折中反省,在反省中看出了救助制度上的盲点,从而走出了更稳健而智慧的脚步。他没有停下来,却以做得更好、更周严的方式,努力开拓出未来日渐宽广的道路。

人在追求理想的过程中,难免有失误,重要的是,能否从中看出问题点,并找到解决之道。面对日益增加的工作与责任,慈济人抱着"做中学、学中做"的态度,一直都在努力摸索、改善。

经历救助户自杀事件,慈济的济贫专案更加强调,以"七分温饱、三分精神"照顾救助户。

委员们也尽可能每个月或更密集地定期探访济助户,不仅关照他们是否衣食饱足,还倾听他们的心声,并赠送法师的录音带或书籍,希望能协助他们找到纾解情绪、努力向上的方法。

管理学大师杜拉克(Peter F. Drucker)研究非营利事业的经营之道时,分析过一家广受社区居民肯定的医院。他发现这家医院各种条件都不足,为什么会如此突出呢?原来每当病人离开这家医院后,医院不但没有忘记他,总会不时地问候,同时表示"并不希望你再光临本院",只是很关心你的近况等等。就是这分持续的关怀感动了人们,受到当地居民一致的推誉(《非营利机构的经营之道》,彼得·杜拉克著,台湾"远流"出版,余佩珊译)。

慈济人后来所实践的"追踪辅导"救助制度,不仅传达了这种"我们没有忘记你们"(杜拉克语)的情义,还在面对面的倾听与慰问中给予照顾户一份鼓舞与支撑;在提供救济对象物资资助的同时,更期望透过精神上的慰藉与扶持,让每个人都能靠自己的力量站立起来。

在这里,"关心"不仅有了情感的温度,也有了力量的厚度。

人力、物力、经验都没有，怎么救灾？
——慈济第一次大规模赈灾

信心若不能化为行动，还有什么价值？

甘地

背景

九二一大地震、桃园大园空难、国际赈灾、大陆赈灾，无论大小灾难，慈济人总在最短的时间内发挥最大的后援力量，他们专业与虔敬的表现，就如同一组训练有素的急救团队。

这种庞大的动员力量及惊人的效率，其实是无数次救灾经验累积出来的。故事的源起，是四十多年前东部的一场台风。

一九六九年中秋夜,艾尔西台风突袭台湾东部,法师刚巧回丰原为母亲祝寿,透过收音机的报导得知台东卑南乡大南村发生大火,灾情严重。

他心焦如焚,第二天天一亮,便火速返回东部,前往大南村探视灾情。狂风挟带大火,整个村子几乎面目全非,景象惨不忍睹;许多房屋全被烧毁,数百人无家可归,灾情之惨重,远远超过媒体的报导。

法师当下决定,立即展开救援,刻不容缓。当时慈济功德会刚成立第三年,还称为"佛教克难慈济功德会",一切皆处克难时期。在紧急勘灾后,功德会以二万余元(新台币)购置一百四十八条毛毯、几百件衣服,雇了一辆大卡车将衣物运送到灾区;一方面协调当地人士将这些物资及救助金,发放给一百四十八个受灾户。这是慈济第一次大规模救济行动。

考验

原以为灾民们可以暂时温饱无虞,重建家园。未料,意外却接踵而至。

由于经费不足,当时慈济救助的对象,是以一般民众为主,不包括荣民(荣民:随国民党由大陆来台湾的退伍军人。——简体字版编者注）。未得到慈济的主动救援，大南村"荣民之家"的部分荣民心生不满，有人围住车站，不让法师离开。基于安全的考量，弟子纷纷劝阻法师不要出面，他却坚持要当面和群众沟通。

法师平静地走出来，对抗议的荣民说："军爱民，民敬军，我们一向尊敬各位对台湾的贡献。慈济是一个民间团体，主要的功能是补公家机关的不足；各位是荣民，相信'国防部'会给予各位必要的协助，其他的老百姓却无法受到这层照顾。我们不是不愿意帮助各位，而是资源有限。"此时，荣民的火气消退不少，法师更进一步表示："这次虽未能帮助你们，但我承诺，一定会再到大南村复查，如果各位依旧没有受到应有的照顾，慈济当然会提供各位必要的济助。"冲突就在法师情理兼顾的说明中化解了。

后来，法师果然实践了他的承诺。

影响与省思

一九九九年某日，法师正在召开全省慈济委员联谊会，突然有位老先生手捧一条旧毛毯，前来求见。法师正纳闷，却听到这位老人家说："师父，这毛毯是拿回来送还给您的！"老先生手指着毛毯的一角，上面绣有一排蓝底红色"花莲佛教慈济功德会敬赠"的字样。原来这是当年大南村火灾时发放出去的，这条毛毯伴着老先生一家七口,度过二十六个寒冬。

如今,老先生的经济情况好转,不再需要救助,毛毯虽旧了,温暖却永远留在他们一家人心中。送还毛毯,无非是希望这分温情能够年复一年、一代接一代地传给需要的人。

当年法师若因经验、人力及财力样样不足,放弃了救灾的念头,怎么会有后来一次次成功的救灾经验?遇到信念中该做的事,除了预先费心规划外,只要决心行动,必然会一点点找出更准确的方法,智慧和力量也会源源涌出。最重要的是,绝对不能将没有经验作为裹足不前的托词。

大唐玄奘法师决志西行、穷究佛法,虽然一路上历尽艰险,很长一段时间里,甚至是一人一马,远涉荒漠,没有地图指引,没有向导带路,终能游历各国,声震五印,弘法译经,泽被苍生。他这种"前无古人"的行动,一开始又有多少经验、人力和财力的后援呢?

做好事，
就可以要求别人都来配合吗？
——赛洛玛台风

我来不是为受服侍、而是为服侍人。

耶稣

背景

又是一次台风的启示。

人们好不容易才走出四年前娜拉台风肆虐的噩梦，一九七七年南部又遭中度台风赛洛玛袭击，灾情的惨重更是始料未及。

因为北部的民众个个都提高警觉，加强防范，当时来势汹汹、挟带狂风暴雨席卷北部的超级强烈台风，并未在北台湾造成严重灾情。随后拜访南部的赛洛玛中度台风,行径显得诡异多了:陆上警报发布时还晴空万里艳阳高照,南台湾的民众多半疏于防范,甚至还有人乐得出游,任谁也没想到这是暴风雨前的宁静。

南部没有中央山脉阻隔,一旦风云变色后,竟是长驱直入,风强雨急,威力格外惊人;刹时海水倒灌,路树与招牌齐飞,市容几近全毁,民宅及低洼地带更因措手不及而灾情频传。

娜拉台风后,慈济累积了不少救灾经验,适巧屏东分会刚成立,便毫不迟疑地火速加入公家机关和民间协力进行的赈灾工作。

考验

风灾甫过,慈济一行人便来到屏东的户政事务所,急着向相关单位索取灾民名册,好尽快展开救援。打听了半天,原来这份名册还没准备好,一位执事人员走出来,告诉慈济的人:"你们下午再来。"下午,再度前去,县府还是迟迟没有回应。过了好久,得到的回复竟然是:"你们明天再来吧!"满心急着救灾的慈济人开始有点恼火,但没有名册,就算展开救助工作,也会凌乱失序,只得暂时停下预定的工作。大伙儿隔天一早来到户政事务所,却又空等了一天。

连着两天拿不到资料,有些慈济人开始捺不住怒气,心想:我是义务来帮忙的,你们不但不感谢,还拖拖拉拉,满不在乎。救灾行动停滞不前的消息传回花莲,大家的不满当然也传到法师那儿了。

法师一听,轻轻地叹了一口气,说:"要记着,我们要帮助的是灾民,这些行政人员是直接联系着灾民的啊!是我们自己要参与救灾,没有人要求我们这么做,况且我们确实增加人家不少的工作。既然要服务于人,就不能要求别人来服侍我们,就要与别人结好缘,才能办好事啊!"大家的怨怼顿时平息。

许多人这时才静心自问:"我是来助人,还是接受别人的感激? 既是帮助别人,目标尚未达成,怎能轻言放弃?"于是,大伙儿心平气和地继续等待。第三天,终于取得了名册,圆满达成任务。

影响与省思

有一回,法师问一位在家弟子:"帮助别人时,究竟谁该感谢谁呢?"这位弟子聪明伶俐地回答:"应该是彼此感谢吧!"心想,这个答案大概万无一失。

法师却摇了摇头,说:"不对,是你要感谢他才对。"

弟子听了,有点摸不着头脑。这时师父委婉地开示道:"帮助别人时,你心里是不是很快活?"

弟子答:"是啊!"

"那就对了! 想一想,是谁给你这个快乐的机会? 是受帮助的人。因此是你该感谢他啊!"法师微笑地说。

在慈济,我们称受助户为"感恩户",感谢他让我们有机会获得快乐。助人过程中难免会遇到一些"难缠"的对象,以当年屏东的一两位行政人员为例,因为他们把协助灾民视为工作,自然很难觉得快乐;加上各项杂务的繁忙就已经够了,更不愿意外人介入而增加负担。遇到这种情形,何妨多体谅当事者的心情,尽量和颜悦色,以礼相待,让他们分享助人的喜悦。

帮助他人却心存施舍,就算真的帮上了忙,接受的人未必觉得舒坦;何况,助人的动机如果真是出于善心和爱护,必然连系着内在的尊重和关怀,是一种人格的净化和提升,哪里能有附带的条件和个人的利害呢? 唯有体认到"助人无所求"的真谛,才能真正感受付出的甘美滋味。

许多年前,两位心理医师在美国波士顿心理疾病医院做过一项测试。他们发现,当一方伸出友善之手时,另一方愿以友善的方式来回应的,约占百分之七十三;仅有百分之十六的病人,在回应中带有敌意。这分敌意的来源,又是因为他们感到对方

友善的态度下,隐藏了某种敌意或漠不关心的气氛。这实在是个值得人们深思的议题:

"善意可以导引出善意,冷漠则会招致冷漠。"

赛洛玛台风的经验,后来成为慈济救难工作中的一个重要启示:感恩的对象不只于一般灾民,包括了所有帮助我们工作的各级人士和政府官员。

要做好事,岂能不先结好缘?

半夜，

心绞痛发作，昏倒在寮房里……

——沉重的心事

生命无常，慧命永在。

成立慈济医院正是为慈济延续慧命，开凿活水。

证严法师

背景

人世间有太多这样的故事——重要人物一旦倒下，他所建立的一切也跟着烟消云散。

慈济功德会成立的第十三年，一次突发性的心绞痛，提醒了法师，必须面对一个问题：如何才能使"慈济"这项志业永续发展？如何能日久天长地照料千万贫苦百姓，不再仰赖他一个苦行比丘尼？

发现自己罹患心绞痛时，法师才四十二岁。过了一年，一九七九年一天夜里，他胸口又是一阵急痛，临时又找不着随身携带的心脏病急救药，就这么在寮房里昏了过去，直到大殿上早课完毕，才渐渐地苏醒过来。

有了这次经验，法师更加确定，这种病就像身上绑了颗不定时炸弹，随时随地都可能死去。单单自己的生死，其实不打紧，但慈济正在协助的两千多个照顾户，该怎么办？

考验

为了延续慈济志业的问题，法师陷入深思。有一天他问身边的弟子："万一有一天，我走了，你们会如何承接这些志业？"弟子们说："师父，您放心，只要您在，我们一定会全心全意跟随着您，您做多久，我们就做多久……以后就看因缘了。"

听了这番话，法师点点头，心事更沉重。这段话背后隐藏的问题让他格外忧心——只要我在，大家都愿意跟随我，一旦我往生，救助工作是否还能继续？

慈济功德会没有基金,精舍里的出家众每天要辛勤地做工才能维持最基本的生活,目前的救济工作仿佛没有源头的水,迟早有一天会枯竭。法师心想:我必须为这些需要帮助的人寻求源源不断的活水!

什么是活水?

第一,它必须有效地解除民众的苦痛。

第二,它必须是一种机制,根绝经济枯竭的问题,不再需要外援。

多年来的救助工作,让法师深刻体会到:贫困多是因病而起。当时东部缺乏设备完善的医院,重病的人,每每因为须转往台北就医而延误治疗时间——那么,为什么不盖一所大型医院,以减少这类悲剧呢?于是,一九七九年夏天,法师正式提出这个构想——办一座东部最大、最完善、设备最优良的医院。何况,功德会济贫往往只能救人于一时,医院却可以长久经营,正是救人济贫的源头活水。

法师是一位即知即行、剑及履及的人,当这个构想在他心中成形以后,建造医院的事,就成了他全力以赴的目标。虽说等在前头的,是一连串更艰难的挑战,他却丝毫没有犹豫。这个决定,丰富了慈济的历史,开创了全新的未来。

影响与省思

行善,若能坚持到生命的最后一刻,已经叫人敬佩不已了,而当功德会的规模愈来愈大时,法师心里却起了这样的疑问:主持人下台,一切就该落幕了吗?

既然行善是一条永无止境的路,法师就义无反顾地积极寻找"永续经营"的方法,期能建立一个可以独立运作的救济机构。这也是任何团体或企业值得省思的课题:唯有建立一套可资依循的制度、可自主运转的机制,才能永续经营。

法师的这个决定,放回到慈济当年的背景里,几乎就是企管专家们所说的企业"自我再创"工程。他所面对的,"不是改变现状,而是创造'非现状'"的极限挑战。所谓"蝴蝶不是改良过的毛毛虫,而是完全不一样的东西"。当法师思考到慈济长远未来那一刻,当他提出建造医院的理想时,慈济已经进入了蜕变期,他为所有的慈济人"创造出一个新的前提架构,引导每个人拥抱原本似乎不可能的未来"(语见《哈佛商业评论》,《"再创"的云霄飞车》一文。摘自台湾"天下文化"出版的《变革》一书,周旭华译)。

事实证明,法师做到了。

人生总有终点,每个人都有责任让世间的真善美绵延不绝。一般人或许没有能力建造有形的慈善事业,但人人都可以经营无形的慈善事业,那就是"善念"。种下善的种子,广播善的种子,传递善的种子,爱就能一代一代地传承下去。这所需要的,则是我们每个人内在那股"自我再创"的决心和信心了。

考验

第二篇
巨大的挑战

建医院？

里里外外都是反对声

——虽千万人吾往矣

善守理想的人、不猛不弛；一志向前、坚定不移，终可达
到目标。

证严法师

背景

先知者往往是寂寞的。

办医院的宏愿，法师并没有得到慈济大多数成员的认同，几
乎每位弟子都坚决反对；连当时第一位捐献十五两黄金给慈济
的陈灿晖教授，都认为不妥。

只有林碧玉委员大表赞同。当晚散会后,她立刻去见法师,并表示:"建医院很简单啊!盖个几十坪或上百坪,再找几位医生,有点规模就行了,不算太难。"法师听完,便清清楚楚地说明心中的构想:"这可不是一个两三位医生的诊所呀!要盖,就得盖一个像台大、荣总般功能齐备的大型医院。"

林碧玉委员听了,大吃一惊,不禁暗自佩服师父过人的勇气。

考验

虽然知道盖医院是好事一桩,大部分的弟子却面有难色。反对的理由倒也个个言之有物:有人说,医院这么专业的机构,绝对不是我们这几个出家人和在家众能够经营起来的;也有人说,慈济的人力、物力都不够,实在没有能力做这件事,况且现在做的济贫工作,也很有意义;更重要的,光是济贫就够大伙儿忙得不可开交了。

人、钱、地,一样都没有,不少人劝法师打消建医院的念头。

倘使一个人面对众人不合理的想法,可以据理力争;但当大伙儿都言之成理时,该如何坚持下去呢?从法师决定盖医院开始,五年间,慈济只募到了三千万元,不到原定预算的百分之五,这一事实似乎也证明了,大家认为慈济没有能力盖医院的想法是正确的。

然而,法师所凭借的,不单是个"理"字,而是一股"择善固执"的意志,一种"虽千万人吾往矣"的执著,一分经过澄澈思索后自我再创的理念。他要为功德会找寻一股永不枯竭的"水源"。正是这股气势和忘我的理想感动了人们,创造出一种急迫感,一个全新的愿景,从而激发了更多人的能量,才能集众人之力完成当年大家眼中"不可能的任务"。

影响与省思

我就是因为认同慈济盖医院的理想而加入了慈济。

我时常想,法师当年若听了弟子的劝告,放弃这种近乎"不理性"的坚持,现在,慈济可能仍旧只是花莲地区的一个宗教慈善团体而已。谁也没料到,法师发下建造医院的大悲大愿,亲身投入这段曲折坎坷的拓垦之路,反而感召了更多人加入慈济,成就了今天益发蓬勃的志业。

回首法师的过往,似乎一直在向"不可能"挑战。最初,这些挑战在世人眼中仿佛总有些不自量力,却总能在他那源源不绝的热情、毅力和毫无保留的奉献精神下,毅然决然地跨越了它们。就像耶稣、佛陀、德蕾莎修女……这些宗教的开创者或实践者,他们既无权又无钱,甚至身体也不强壮,可是都能在忍让、平和与奉献中,开创人类社会的不朽经验。他们当时的所作所为,在旁人看来,不也都是"不自量力"、"不可能"的事吗?

从骨髓捐赠、大陆救灾、国际赈灾、九二一地震的即时救援,到打造大爱屋及建构希望工程,凭着法师一回又一回的"不自量力",凭着他那"无缘大慈、同体大悲"的"无我之爱",他那"柔和忍辱"、"闻声救苦"的坚忍之力,慈济才能一步又一步跨足许多截然不同、甚至全然陌生的领域,一次又一次创造出令人衷心感怀的奇迹。

募款太难，
凭什么拒绝两亿美元？
——作梦也想不到的插曲

"福田大家种"！

慈济想募的不是"钱"，是大家的"心"。

证严法师

背景

慈济要办医院的计划传出去了，真正的难题也才开始，那就是盖医院的钱在哪里？

自从建院计划在《慈济月刊》上刊出，加上其他媒体的宣传，果真得到不少善心人士的回应。奈何五年间只募得了三千万的款项,距离八亿元的建院预算,还差十万八千里。

募款期间,发生了一桩让人做梦也想不到的插曲。一九八一年,在一次慈济全省委员联谊会上,住在南部的黄姓委员捎来一个天大的好消息,他向法师报告:"一位日本友人愿意捐出两亿美元,协助筹建慈济医院。"两亿美元?法师猛吃一惊,接着不急不徐地询问这名日本人愿意捐款的原由。

原来,这位日本朋友既是佛教徒,自小又在花莲成长,并且万分感激蒋中正先生当年以德报怨,让战败的日本人回归祖国。有机会为台湾尽点心力,也算一偿宿愿。众人一听,莫不欣喜若狂,有了这两亿美元,不仅建院经费有了眉目,对救助志业更可以发挥长足的用途。

考验

大家正为这份超级大礼物兴奋不已时,法师却淡淡地说:"两亿美元,真叫人心动啊!可是我们不能接受。"顷刻大家都傻了眼,为什么呢?

法师缓缓地说出他的三个理由——

"第一,我们要有中国人的自尊。台湾社会这么繁荣,应该以自己的力量建造医院。我希望医院的这块福田能够由自己的同胞来播种,才能共享收获的喜悦。"

着眼于经营层面,证严法师提出第二个必须婉拒的理由:资方理当拥有绝对的决策权。建医院的资金假使大部分由这位日本人出,有朝一日他的经营理念和慈济发生冲突时,该当如何?况且将医院的经营权交托给少数人,已失去了法师建院的本意。

最重要的理由是,法师期许:藉由这个医院连结大家的爱心,这是一所大家的医院,福缘大家造,福田大家种。

影响与省思

"自己的医院自己盖"、"福田大家种",法师的果决与坚持,使得慈济人愈发不敢掉以轻心,人人努力募款。许多委员更是夜以继日、挨家挨户阐述法师建院的慈悲心愿,一路走来,募得了为数可观的善款,也募出了不少动人的故事。

法师常说:钱捐的多少并不重要,重要的是那分心,那分慈悲心。慈济想募的不仅是"钱",更要紧的是"心"。

医院盖好了,其间的一砖一瓦,是每个人用心血、用时间换来的,每当慈济人说道:"这是我们的医院"——大家的感动与自豪格外深刻。当年若接受了那两亿美元,建造过程少了众人参与的汗水,今天大家可还有这样的喜悦之情? 有了两亿美元,大家用不着辛苦地奔走募款,会有这么多人相继投入慈济吗?

九二一地震后,慈济人积极参与校园重建的"希望工程",法师鼓励所有在校师生共同加入校舍重建工作。这么做,不是为降低雇用工人的成本,相反地,让这些不曾搬土、砌砖的学生们实地接触工程,只会徒增作业的复杂度。法师对师生的期勉,其实来自同一个道理:浩劫后,每位师生都能亲手打造自己的校园,重建自己的校舍,重燃自己的希望,这里面焕发出来的热情、自信、参与之感和珍惜之意,以及从劳动中增强的能力,带来的成长,凝聚的认同,才是他真正的用意。

过去曾被美国"福布斯"(Forbes)杂志选为四百大首富的罗柏·潘普林二世(Robert Pamplin Jr.),是一位知名的慈善家,他同时还担任两所美国大学的董事会主席。

一九九二年,他为其中一所学府举办了别开生面的"募款"大会。他摆下了一场"运动擂台",无论俯卧撑、仰卧起坐、攀绳索或拉单杠,只要胜过他的,他就用这个人的名字捐出两万五千美元给学校图书馆,并且把他们的名字刻下来,永久纪念。其实,他原来就有意捐出一百万美元作为扩建该馆之用的,但他用了更技巧的方法。

他请在场的每一个人去想象"二十年后,带着自己的儿子或孙子"到学校来,指着这座图书馆说:"看到那幢建筑没有,这是我帮忙盖起来的。""此情此景,不是很棒吗?"

果然,他的这项创举获得了前所未见的成功。

罗柏·潘普林二世是一位极有智慧的人,他拥有八个学位和各种事业。他所提出的拯救波特兰市"北北东区"的计划,也如同他的"运动擂台"一样,让当地的男孩女孩双双走上街头,打扫街道、修理房子、做做院子里的零工,从外在的改变进入到内在的尊重,不但改善了当地的环境,也加强了他们对社区的责任感和自我的荣誉心(参见《绿林创业家》一书,"智库文化"出版,张瑞林译)。

他的做法和想法,岂不正是法师建医院、盖学校的美式旁证吗?

终于开工了，
土地又被军方收回。

争？不争？

——菩萨的考验

有"舍"才有"得"；给人方便，正是为自己开路。

证严法师

背景

　　慈济要盖医院，不仅没有钱，更没有地。没钱、没地，这个志愿形同一座空中楼阁。法师却毫不在意大家充满疑虑的眼光，一面努力募款，一面积极寻地，一心要落实他的梦想。

　　寻地过程比预期更为艰辛。起初，法师花了一年四个月的时间，实地探勘洽谈了七八块土地，有的是面积不够大而割舍了,有的是土地变更不易而放弃了,一次一次,好不容易燃起的希望,仍不免以失望收场。

一九八〇年,当时的"省主席"林洋港先生到花莲来参访,法师陪同林先生参观精舍。走到出家弟子的工作房时,他十分讶异地问:"你们也要做工啊?"林先生边参观着设备十分简陋的精舍,边听法师说明筹建医院的历程,心中很是感动,当下承诺要协助慈济解决土地问题。

回到台北后,林洋港先生立刻向当时的"总统"蒋经国先生报告法师与慈济功德会的事迹。三天后,蒋经国先生竟亲自来到了精舍。第一次有"国家元首"到访,对慈济人无疑是莫大的荣耀与鼓舞。也许是受到"总统"亲自前来造访的影响吧,此后,接二连三有"贵人"来访,仿佛预告土地的问题很快就会有着落了。

果然,不出半年,林洋港先生决定将花莲美仑溪畔的一块地拨给慈济,经过一年多的公文履行,终于解决了土地问题。一九八三年二月五日,慈济医院举行破土典礼,希望的阳光,照耀到每一个慈济人的脸上。

考验

正当大伙儿为下一个难关——经费问题大伤脑筋时,竟接到个晴天霹雳的消息:军方要用土地,暂缓施工。

多年梦想,瞬间成空。法师有说不出的苦,连着好些天都睡不着、吃不下,只能独个儿承受煎熬。

那块土地附近的居民,心情自然也不好,因为一旦成为军事用地,土地身价即刻大幅下滑,这样的结果,任谁也不愿接受。民众索性集体涌向师父,希望他能代表大家前往有关单位陈情,只要法师同意出面争取,大家也乐意多捐一些地给慈济。

居民提出的条件,无疑对彼此都有极大的好处,法师却说:"身为国民,一切必须以国防为优先考量,军方要用地,一定有不得不如此的原因,我们怎么能横加阻挠呢?"他婉拒了这项提议。千辛万苦寻获的土地,霎时又化为乌有。

影响与省思

军方收回土地,真的将慈济推上了绝路吗?

所谓万般皆因缘。已经转任"内政部长"的林洋港先生得知事情的原委后,立刻打电话安慰师父:"法师啊!或许菩萨不喜欢那块地吧!要不就是菩萨考验你,看看你是不是有信心再接再厉,只要有毅力和决心,菩萨一定会帮你再找一块更好的地!"

接着,林洋港先生又拨电话给当时的"参谋总长"宋长志先生,说明慈济建院的努力和艰辛。宋总长听完,觉得出家人能以国家为重,十分难得,立刻承诺愿意帮忙;没多久,"省主席"李登辉先生也得知了此事,随即安排"省政府"成立专案小组,协助慈济寻找医院用地。

就这样,在多方努力下,寻找土地的过程比过去顺利多了。没想到失去了一块七公顷多的市郊土地,换来的竟是位于市区,面积达九公顷的新地。

尊重体制和法规,一切以全民利益为依归,不因为自己所做的是造福别人的好事,就可以罔顾更大的需求或制约。在这样的大前提下,法师毅然绝然放弃了争取土地的机会,退了一大步,换来的却是军方、"中央"、"省府"……更多人的协助。再度申请用地时,竟然能以"特快车"的速度,很快就通过了变更计划,取得这块菩萨、众人皆满意的欢喜地。可见,很多事情不是"争"来的,是"舍"来的。

中国古代最有智慧的哲人老子,就曾简洁有力地点出了这个事实:

"既以为人,己愈有;既以与人,己愈多。"

有"舍"才有"得",谁说不是呢?

医院盖不成，
募来的善款该不该退还？
——专款造册的因缘

坚持"诚正信实"的行事原则，是让自己安心、别人放心的不二法门。

证严法师

背景

当花莲美仑溪畔的土地被军方收回时，法师还面对了另外一个更重大的考验:过去那几年里，慈济人辛苦募集来的建院款项，该怎么处理呢？

好不容易找到土地，破土仪式也完成了，现在却要被收回去,怎么向那许多曾为慈济医院奔波的人交代？建院计划遥遥无期,可能的用地又在哪里？谁也没有把握。种种的苦,一度压得法师喘不过气来。他一遍又一遍寻思着:怎样才是最妥当的善后？

数日苦思后,法师终于豁然贯通。他自忖,即使自己心中再苦,都得打起精神,不能再让弟子们担心;也就在那一刻,他已作好盘算:医院建不成,就把各界的捐款一一退回吧!

考验

把十方大德的捐款全数退回？这在宗教界可是十分罕见。一般信众也都认为,捐给出家人的钱,理应由寺院自行运用,即使建不成医院,未来的其他建设还是需要这笔钱。

然而,法师坚持,应该专款专用。大家认同盖医院这件事,才把钱捐出来,如今医院若盖不成,钱自然要退回,未经捐款人同意,这笔钱绝对不能任意挪作他用。

当林洋港先生为土地另有用途前来关心时,法师将退款计划告诉了他。"事到如今,只能将钱退回给所有的善心人士了。每一笔捐款,我们都详细地登记造册,退还不会太困难。"他感慨地说。

面前这位出家人,不仅慈悲为怀发大愿盖医院,做事明快磊落,内心更是大公无私。林洋港先生大为叹服,下定决心非帮忙到底不可。法师可能不知道,他这项诚正信实的决定,为慈济医院的未来,重新燃起无限希望。

影响与省思

"诚正信实"是法师不断告诫慈济人必须信守的行事原则。因此,慈济所募的每一笔款项都专款造册。现在,慈济已有数百万个会员,每位会员的每笔捐款都依建设、济贫、国际赈灾……等不同类别清楚地记录着,这也是慈济能够得到这么多人信赖的最大原因。

有一次,发放赈灾米粮时,几粒米不小心掉落地上,一位在家弟子觉得可惜,将米一粒粒拾起,放入精舍的米缸。法师看到了,对这位弟子说:"能将掉在地上的米粒拾起,这分用心相当不错;但每一粒米都象征着善心人士对救济户的爱心,可不能放在我们自己的米缸里啊!""诚正信实"的原则,在法师的生活细节中,一向都表露无遗。

慈济人做的是救助而非施舍,对于发放的物资,法师严格要求必须"意诚物美"。即使是旧衣服,也必须洗得干干净净,包装得整整齐齐,让收到的人欢欢喜喜,绝对不能把破旧污秽的衣物草率地交给救济户。

所谓"己所不欲,勿施于人",救助别人时,也一样要心存虔敬,要以"同理心"来设身处地地想想,你愿意接受一堆破烂肮脏的东西吗?

坚守"诚正信实",表面看来,可能显得迂阔而不实际,与讲究机巧和权变的现代"速食文化",格格不入。但就另一方面来看,法师所坚持的这些原则,却恰恰是一切事业可大可久的根源。跨越了明、清两代的中国最大的商帮之一"徽商",所以能够"基业长青",就是由于他们所强调的道德规范:"以诚待人"、"以信接物"、"以义为利"。他们从儒家和朱子的哲学中,汲取了深厚的滋养,为过去的中国商业活动,建立了一套十分生动的"儒商"文化。

当年,法师决定将筹建医院所募得的款项,逐笔归还每位善心人士,以贯彻他的"诚""信"法则时,谁会想到,却会换来另一次重大的转机呢?

一块钱的租金，
实在太好了！谁会说"不"？
——不只是土地的问题

做任何决策，除了看现在，更要看未来，以避免人事、环境的变迁，留给后人不必要的困扰！

证严法师

背景

"塞翁失马，焉知非福"，失去郊区七公顷多的土地，换来的地却广达九公顷，面积大得多，也靠近市区，交通更便利。问题是，占地愈宽广、愈接近市区，土地成本愈高，对经济已经十分拮据的慈济而言，无疑是更大的挑战。

当时担任"省主席",一手促成慈济取得新地的李登辉先生,十分清楚慈济的处境,若因土地成本太高迫使慈济盖医院的愿望落空,岂不是太可惜了? 李登辉先生几经斟酌,曾向证严法师提出一项令众人喜出望外的方案:政府愿以一元租金将土地租给慈济医院。

考验

"以一元租地",出自"省主席"之口,无疑是郑重的承诺。试想,如能省下一笔庞大的购地资金,不仅立即解决了财务窘境,未来添购医疗设备及延揽优秀医护人员的经费也宽裕得多。面对如此优惠的条件,谁能够不心动呢? 多数人恐怕是求之不得,感激都来不及了。

然而,法师又做了令人震惊的决策——他感谢李主席"一元租金"的美意,坚持承购这块土地;唯一的企盼是,请政府以较优惠的价格卖给慈济。

"师父为什么这么做? 我们不是正为缺钱而烦恼吗?""难道师父是为了保有慈济人的尊严?"弟子们莫不感到困惑不解。

岂止是弟子困惑不解,李登辉先生多少也有些出乎意料;只听到法师不急不徐地说:"您的心意,我很感激,这的确是个协助慈济渡过难关的好法子,但我实在不能接受这分好意。因为人事多变迁,您日后必然会高升,我也可能会不在人世,岂能因世事更替,留给后人不必要的困扰?"

听了这番话,又看这位瘦弱的法师眼神中所透露的刚毅,李登辉先生似乎看到了他心中的信心与远见,任凭再大的困难,恐怕都难不倒这位比丘尼。

影响与省思

正如法师所言:"人事会变更",李登辉先生日后也一路高升。以后的接任者是否能完全接受原本订下的租地条件?

过去,花莲地广人稀,土地不值钱。谁又想得到,十几年后,慈济医院附近的土地竟飙涨了好几倍,慈济当年若是以一元价格承租土地,现在势必会招致附近居民、地主的抗议,乃至议员的质疑,为现在的政府及慈济主事者带来困扰。就算慈济想依照今天的地价承租或购买土地,只怕都会造成极为庞大的财务负担。回头想想,大家着实不得不佩服法师当年坚持购买土地的远见。

在法师心中,医院是个长长久久的事业,事事都得为后人着想,经过这许多年,我们这些"后人"总算体悟出他的先知灼见。

许多决策者常常只顾及现况,鲜少考虑到策略或指令对未来的影响。往往度过了眼前的关卡,未来却衍生出更多棘手的难题。假使凡事都能深谋远虑,为错误决策付出代价的几率也低得多了。

近年来,在策略理论上最具影响力的一本书:《竞争大未来》(Gary Hamel 与 C. K. Prahalad 著,顾淑馨译,台湾"智库文化"出版),书中特别强调了"先知先觉是成功的必要条件"。该书作者指出:"培养产业先见不只要有好的景象规划或技术预测能力",更需要"先设想可能发生什么结果"的想象力。

法师谢绝了"一块钱租地"的眼前便宜,成就了慈济医院后来发展的远景。他的"想象力"来源,他"可能发生什么结果"的准确设想,都不是基于商业上的考量,而是源自他对世事变幻的透彻领悟,他那"不图近利"的思考模式,向来"不给别人添困难"、"不为后人留麻烦"的做事态度。

几十年来,慈济所做的每一项重大决策,背后的考量点,几乎都可以看到这样的理念投影。

终于又开工啰，
工程款还差百分之九十五！
——从三千万到八亿元

愿望有多大，力量就有多大。

证严法师

背景

拒绝了两亿美元，虽然令不少人感到惋惜，但为了早日把医院盖起来，全体慈济人反倒加倍努力，四处奔走募款，朝八亿元的目标迈进。想想，过去三四年来，只募到了三千万，照这样的进度，只怕再过五十年，也难募足八亿元。

要完成非常的任务，就要有非常的手段。慈济人开始思考运用各种不同的方法,多管齐下,终于"积土成佛庙"、"聚沙为佛塔";靠着众人的力量,一砖一瓦砌成了慈济医院。

考验

募集资金是许多慈善事业、公益团体最伤脑筋的问题。为了达到预期的募款目标,许多单位都绞尽脑汁,设计各式引人瞩目的活动、打出各种响亮动听的口号,并大量结合媒体、企业、政府等等的社会资源。二十多年前,慈济当然没有这么多花哨的点子,但也深知活动与组织是加速完成目标的两大力量。

首先,慈济委员本身就是最理想的募款组织,上千位遍布全省各地的委员,即时为慈济发挥了"募款网络"的功能。多年来,慈济委员身体力行法师"诚正信实"的训示,将每笔钱的来源用途都记录得清楚明白,已深得捐款人的信赖,加上这次为了完成盖医院的大志愿,委员们无不挨家挨户、苦口婆心,大力宣扬法师的行善事迹,以及慈济建医院为众人造活水的慈悲心愿。委员们众志一心,分外投入,募款成绩斐然。有位委员竟然在短短数月间募得了两千多万元。

铆足了劲,马不停蹄地忙于募款外,有些委员还兼差打工,希望多赚点钱——有人到市政府当清洁工;有人到夜市摊贩做洗碗工,赚来的工资全数捐给慈济。法师向来很少四处说法,为了慈济医院,也在台北市吉林路的慈济联络处,每月固定讲经,持续了两三年之久;同时不辞辛苦到全省各地弘法,感动了各方信众,使建设医院的善款倍速增加。

发挥组织动员力外,还举办了多次大型募款活动。一九八三年,慈济首次在台北举办建院募款义卖会。当天,不少人义买之后,又再义卖出来,现场气氛热烈,令人动容。隔年,慈济又在台北空军新生社举行义卖会。其中孙立人将军的夫人孙张晶英女士,将保险箱中的金饰全数捐出,自己却穿着一件廉价的外销成衣来到会场。见到法师,她说了一段令在场的人都感念至深的话:"我把自己所有的都捐出来了,如果今生还有福报,分毫都会捐给慈济!"

让慈济人感念至深的,还有寻常百姓"能舍"的大爱。有人捐出毕生的积蓄,有人捐出父母留下的嫁妆金饰,甚至还有人捐了房子、捐了地契。当年慈济的知名度,不比今天,能有这种成果,实在难能可贵。

慈济的"荣董制度"也是在这时候成立的。法师为了鼓励大家回馈社会、共襄盛举,设定了这项开放董事会的做法:凡一次捐款金额达一百万元者,即可获颁为慈济医院的"荣誉董事"——不过,这个"董事"只是一种"荣誉",并没有任何特殊的权力。除了深知法师用心良苦外,那分"参与感"和"荣誉心",也鼓舞了大家,为了尽速完成建院大愿,许多人都不遑稍让,纷纷响应,先后成为"荣誉董事"。

在大家锲而不舍、忘我的投入和努力下,八亿元的目标,竟提早达成了。

影响与省思

个人的力量就像一滴小水珠,能量有限,但当所有水珠汇集成江河时,却可以滋润整个大地。一个人或许募不到八亿元,但一万人、十万人、一百万人呢? 在慈济,有太多这样众志成城的故事。不论是三十几年前每位家庭主妇在菜市场捐的五毛钱,还是九二一大地震时,不分你我的奋力救援,慈济依恃的永远是众人的力量。

记得在慈济医院正式的动工典礼上,主持破土仪式时,李登辉先生曾问法师:"建医院到底需要多少钱?"法师说:"至少要六到八亿元。"李登辉先生接着又问:"那么现在有多少钱呢?"法师很实在地回答:"劝募了两年多,只有三千万元。"说着,他脸上露出希望的笑容,坚定地说:"不过,我有信心可以募足余款。"

事后,法师告诫大家,做任何事要有信心。信心涵盖两层意义:一是"自信",肯定自己这分奉献的价值,并且相信自己有能力达成目标;二是"相信别人",相信自己所做的事,必然能唤起大家的共鸣,别人一定会认同支持的。

达成目标的另一个条件,是找到对的方法。慈济寻求正确方法的重点着眼于如何号召众人,如何把每一个人内在的力量释放出来。义卖、弘法、荣董制度,都是为了集结众人的力量。过去慈济的所作所为,已经为众人的投入提供了扎实的信心;慈济人本身的身体力行,又鼓舞了大家的热情和认同;再加上法师圆润的智慧,他温柔的开示,坚定的理念,他对每一位慈济人的信心,更激励了大家潜在的能量。"有心就有力",当这分能量达到一定的热度与幅度时,建造医院这个看似"远在天边"的理想,忽然间已经"近在眼前"了。

研究"动机"的人发现,人们所以能够把一件事情做好,和这些人的水平并没有太大的关系,真正的关键在于——自信。自信的来源,每每由于个人信念的坚持,由于工作本身的意义,由于他认同这件事情,从心底一直想把它做好;而别人更鼓励他,认为他能够做得更好。

法师创立慈济是希望让人们由"善门"入"佛门",希望每个人进入慈济后,感受到的不是世间的名利欲望,而是了解慈济真正的理想与精神,从而找到人生的意义和方向,在"慈悲喜舍"的行动中,在"济贫教富"的福缘里,产生共鸣,相互鼓励,彼此心手相连,"同造爱的社会"。

　　以前,法师常对刚开始接触慈济的人说:"别急着捐献,多看、多听、多了解慈济吧!"唯有真心的感动,唯有真正的认同,才能激发出人们的信心,奉献出最大的力量。

出家人，
如何经营专业的医院？
——外行与内行之间

虚心、悲心加上信心，则天下没有打不破的困难，成不了的志事。

证严法师

背景

建造医院的过程中，外界一直不看好慈济医院的经营及未来，甚至到医院盖好后，不少人还抱着这种看法。

人们会这么想，其实也不无道理。因为当时慈济的委员，大多是一些家庭主妇，加上法师等一干出家人，每个人都不具备经营医院的专业知识。在那时,任谁也很难想象,一群外行人能将需要高度专业背景的医院经营得有声有色。

法师究竟有什么法宝,能突破这项艰难的考验呢?

考验

为能尽速进入状况,法师开始积极走访各个医院,不同的是,他不仅是参观这些医院"成功"的经验,更设法了解他们曾有过哪些"失误"? 有些什么可能的"失败"的经验。法师认为,每家医院各有不同的成功条件,虽具参考价值,但失败的因素尤其值得仔细研究,毕竟他山之石可以攻错;再说,慈济医院也没有"犯错"的本钱。

这其中,一家位于南部的医院,好不容易完成了硬体的建设,却苦于请不到理想的医师,几乎前功尽弃。法师为了避免同样的失误,几乎在医院的建设一启动之后,就立刻开始了约聘医师的行动;而且,目标设定在最好的医师群身上。他相信,好的理想会吸引好的人才,好的人才更会凝聚一流的良医。

既然目标是要办一所像台大、荣总一样好的医院,法师的初期目标,就是让慈济医院和台大医院实施建教合作——在他的恳挚邀请下,台大医院的资深医师,纷纷应允每周义务到花莲门诊一次。这样一来,医疗水准与周边服务都展现出大型医院的风范,没多久,已建立起当地人对慈济医院的信任与口碑。

同时,领导者是否专业干练,对新机构的未来成败有决定性的影响。为此,法师又以慈济医院的理想和他对专业事务的敬重,感动了出身台大医院,先后担任过台大医院副院长的杜诗绵及曾文宾两位杰出医师,慨然首肯,分别出任了慈济医院的首任及第二任院长。由于他们两位的资历和名望,也由于他们的医术和医德,不仅为慈济医院奠下良好的经营基础,在引进慈济医院与台大等著名医院的合作交流上,更做出了重要的贡献。

关于杜诗绵院长,还有一段动人的往事。杜院长是位充满生命力的长者,慈济医院筹备阶段,他参与了不下百余次会议,医院建造期间,忽然发现自己罹患了肝癌,只剩下三个月的生命。法师除了关切他的健康情况,请他多多保重,好好医护自己的身体外,医院正式成立时,仍按照既定的计划,聘任他为院长;而杜诗绵先生也乐观如旧,依然是活力充沛地工作着。

终于有一天,他禁不住好奇地问法师:"您难道不知道我体内埋伏着一颗'定时炸弹'吗?"这时,法师却微笑答道:"我的心脏病也是一颗'不定时炸弹',说爆就爆啊!"就这样,这两颗"定时炸弹"和"不定时炸弹",还是一如往常,忘我投入,努力为花东民众打造一所理想的医院。杜院长体内那颗三个月的"定时炸弹",竟然奇迹似地延缓了三年。

影响与省思

杜诗绵先生患了绝症,依然延聘他为院长,不仅是信任他的专业,更重要的,医院是救人的志业,法师相信,罹患癌症,将使杜院长更能体会尊重生命、爱惜生命、善用生命的真谛。

法师当时对杜院长的信心与尊重,以及在工作上的全面配合,也使他免去了一切后顾之忧,让这位患病的院长,能够从容发挥,在爱心与使命感的相互作用下,压抑了病魔,产生了巨大的生命驱力,替慈济医院开拓了愈益完美的未来。

一般人一旦跨足非本行的事业,往往一败涂地;也有若干经营者,本身其实是道道地地的外行人,一样能将事业经营得有声有色,成败关键就在于经营者的观念与用心。经营自己熟悉的领域,成功率固然较高,非专业出身的经营者若能掌握大原则,专业的部分委请专业者来处理,并充分地授权与信任,事业一样可以出类拔萃。

譬如国际知名大公司飞利浦的负责人彭世创(Cor Bonstra),原先是有名的"莎拉·李"食品公司负责人;曾任通用汽车公司董事长的约翰·斯梅尔(John Smale),以前还担任过宝洁公司的董事长。这都是些世界一流鼎鼎大名的公司,却都有志一同地邀聘了"外行人"来领导他们。可见所谓"外行"与"内行"的界限,并不像一般人所想的那样泾渭分明,或者那样的简单直接。

台湾中山大学企管研究所所长叶匡时教授,在他所写的《从外行到内行》一文中,就曾对这些事实做过分析。他认为公司负责人所需要的能力有两大类,一是"产业知识",二是"经营管理能力";他并指出:"企业负责人在初就大任时,第二种能力比第一种能力重要。"一方面因为他们"没有任何原有行业的成见,反而更具创新的见识与勇气";另一方面,也得力于"具备事业知识的'内行人'襄助"(见叶教授所著《总经理的内衣》一书,台湾"联经"出版社)。

没有医护或医院的专业知识,法师本着"慈悲喜舍"的宗旨和"尊重生命"的理念,一开始,就展现了不同凡俗的建院理想和勇气;他对各大医院的考察,他对医护专业人才的敬重与信赖,以及慈济人在过去若干年间累积的深厚经验和信誉,让许多医护专业人员及无数志工都能心悦诚服,主动投入。历经多年努力,慈济医院终于成为花东地区首屈一指的医疗院所。过去大家的质疑:"出家人怎么能经营医院呢?"在此有了圆满的解答。

找不到理想人才,几乎是企业主共同的感叹。关于这一点,法师的心得是:"只要能够坚持原则,让别人相信你是对的,而且有益人群,自然可以吸引到人才。"

工程提前建好，
人事还未完备，要不要等？
——两全其美的因应之道

建医院是为了利益人群、义诊活动是爱心的表现。
慈济人要以实际行动落实佛陀慈悲喜舍的本怀！

证严法师

背景

好事多磨，经历了种种波折，"佛教慈济综合医院"终于在众人的千期万盼中落成了。

令人赞叹与惊讶的是，原先预定耗时三年才能完成的工程，在众志成城的惊人效率下，完工时间整整提早了九个月。

建院时间缩短,造福民众的心愿得以早日实现,新问题也陆续降临。首当其冲的是:完工时间提早太多,许多前置作业根本准备不及。

考验

医院提前完工,大部分医生尚未正式上任;人员训练也未完成;负责行政工作的大伙儿还没熟悉作业程序。怎么办?既然医院已建造完成,难道要等一切都完全上了轨道,才开始启用?或是有更理想的解决之道?

放着完成的硬体不用,无法立刻减轻民众的病痛,实在说不过去;但软体准备不及,也是不争的事实。法师左思右想,找到个一举两得的好办法:医院建好了,就该在最大可能下提前使用,但在正式启业前,先举办半个月义诊,不收取任何费用。医疗人员可以利用这段时间熟悉医院的作业环境,对求诊民众则是一大福利。这个提议立刻得到全体医护人员的赞同与支持,两周的暖身工作,是大家为医院正式营运打好基础的绝佳机会。

一九八六年八月三日上午七点三十分,法师在医院一楼的两百坪大厅主持了简单的义诊开幕仪式。他致词时说:"医院的每一块砖、每一粒砂,都是护持慈济的十方大德点点滴滴的心血。建医院是为了利益人群,义诊是发挥爱心的表现,慈济人要以实际行动,落实佛陀慈悲喜舍的本怀。"

半小时后,义诊开始。当下挂号应诊的民众达千人之多。两周下来,来自全省的应诊人次计有七千三百五十三位,医院免费支付的医疗费用达三百三十多万元。

影响与省思

十几天义诊,慈济医院获得民众由衷的感谢与认同,对医护人员更是莫大的慰藉。医护人员两周的辛劳及三百多万元的医疗支出,换得了无价之宝。

许多公司都有过相似的经验:营运之初,因为设想、准备不足,招致员工、顾客抱怨连连;然而,担心准备不足,不愿匆忙启业,又使得公司的投资加大,资源浪费,人员心理一并受到影响,这也是企业经营者所不愿看到的现象。法师采取了另一条途径,让提前完工的慈济医院免费义诊半个月,一方面使医院运作得以润滑,能够尽快步上正轨;一方面也推广了慈济医院的理念,造福不少需要帮助的人。

现在有许多商店、大众服务系统,甫一推出时,都会以折扣或免费试用为号召,吸引大众的注意。像台北捷运,在通车初期总有一段时间让民众免费试乘,既然免费,就算服务品质略有瑕疵,民众的抱怨通常较少也较易平息;主管机关除宣传促销外,也可收测试、改善之效,不啻一举两得。

慈济医院可以说是此中的先行者。开办前的义诊,理由又不止于此。因为在法师的观念里,病人的需求和感受,医疗的完善和便利,医护的默契与互动,都是最重要的大事。透过这样的"组织训练",才把它们紧密地结合了起来,让医院上上下下的每一个人,都投入其中,找出最好的工作程序,给出最佳的服务品质;也是在这里,真正烘托了这家医院的精神——"以病人为主体","以服务为目的"。这就是慈济医院开办以后,仍会不时地举办"义诊"活动的道理。

此外,法师也考虑到:慈济医院的建院经费,都是大家千辛万苦、历尽艰难捐来的,哪里容得下浪费呢? 无论时间、人力、物质,都必须发挥最大的价值。只要在安全范围内,能够使用,就用最好的方法来使用,这几乎变成了慈济一切建设、行事的传统了。后来的慈济护专(现已改制为"慈济技术学院")、医学院(现为"慈济大学")、静思堂等等,都是如此。

医院提前完工,周边的配备赶不及,法师却能从中调理出一个很好的典范,一直贯穿到今天。可见凡事只要真的投入,就会找到出路;只要肯用心思,就不难想出两全其美的法子。

更重要的是:"目标"与"方法"的协调一致,才不会因为"手段"的权宜变通,而伤害了原始的"理念"和最终的目的。

两百床？还是五百床？
医院规模的争议
——理想与现实的平衡

如何找到"柔软"与"坚持"的平衡点是一门极高的艺术，方法可"柔"——多采纳别人的意见；意志要"坚"——能够坚持自己的理想。

证严法师

背景

　　花莲人口稀少，基督教门诺医院、陆军八〇三医院、省立花莲医院等较具规模的医院，早已落地生根。慈济医院完成时，实在很难预期，这个地处偏远又由外行人经营的新医院，能带来多大的"市场"？具中型医院的规模恐怕就绰绰有余了。经过所有专家仔细评估后，一致认为：病床数目以两百床最为恰当。

"两百床！"法师显得有点为难。在他的理想中，未来慈济医院所应服务的对象，远远超过了这个数字，他心中估算：这所医院至少该有五百张病床，才能照顾更多的病人啊！

考验

到底应该设置两百张病床，还是五百张？对一心以救人为志业的法师而言，真是难以定夺的问题。在理想和现实间，该怎么平衡呢？

"自己毕竟是外行人，总觉得病床愈多，就能照顾愈多的人。但规划医院的专家们才是真正经营过医院的人，既然请他们来规划，就应该尊重专家的建议，充分信赖他们的判断，哪能一意孤行？万一病床真的太多，空床率太高，不止浪费资源，恐怕还会造成医院的严重亏损，确实不得不慎重考虑。"法师曾不止一次向大家说明他当时的心情。

怎样才能解决这个两难的问题？法师思考再三，终于想出一个折中的办法：他同意只设置两百张病床，但大厅的设计应该有大医院的空间，以便容纳更多候诊的病人，让他们都有个落脚休息的地方。

医院开张了,在全体医护人员的努力和病人口耳相传下,病床出乎意料地不敷使用。成立不到两年,慈济医院于一九八八年,急速进行了第二期扩建工程。这次,根据实际的使用率和未来的需求量,病床一口气扩充到七百张,比当年法师的期望,还多出了两百张。

影响与省思

慈济医院果真有七百张病床的需求,证明了法师早先的想法是正确的,早知如此,他当初应该坚持下去啰?事实又非如此,因为医院所以成功,不仅是法师一个人的缘故,而是全体人员努力的成果。万一医院经营不如理想,导致严重亏损,再加上过多的硬体浪费,岂不是雪上加霜?况且,既然交给专家执行,就应该给予充分的信任与尊重。若经营者一味坚持己见,或许仍然会成功,却可能造成不容弥补的错误,甚或导致专业经理人的失望与反弹。

病床的多寡,既是个专业问题,又是个理想问题。就法师而言,辛苦建造医院,当然希望能够在最大范围内服务最多病患,他的着眼是未来,是理想的贯彻如一;可是现实的条件、专家的

考验

评估,也不能不予重视。他能够从现实出发,而又放眼于未来成长,在医院挂号大厅上尽量扩充候诊空间,从而解决病床多寡的考量,实在是个最好的裁决:一方面接受专家建议,保持彼此良好的互动;一方面也预留未来的成长空间,避免后来发展过程中可能产生的瓶颈。

而且,预留发展空间,等于预留了大家对未来的期望,慈济医院的员工才会更加努力做好自己的工作,也提早看到这个"能够服务更多病患"的未来。

环境心理学的实验,早已指出了"拥挤"是一种可怕的压力,不仅易使动物的生理代谢失调,也足以减低动物对感染的抗力;它能导致老鼠的高血压,也会加速幼鼠的肠泻感染率。法师的这个决定,让病人及其家属在候诊的时候,有一个宽敞的落脚空间,相对地减轻了拥挤的压力、减少了等候的苦楚与感染的几率,再一次体现了他开办医院的初衷。

也许,任何企业或是国家的建设,也都该如此,在相关的设计或规划中,多为未来的发展,预留下可能空间,多为人性的需求,减轻不必要的压力吧!

不是来医"病"，
而是医"病人"的；
这样的医院做得到吗？
——打造一间具有佛教特色的医院

医生的工作不单是看"病"，而是要看"病人"。医护人员必须本着"尊重生命，人文关怀"的精神，做到"医病、医人、医心"——身心灵"全人照顾"的全方位医疗。

证严法师

背景

医院开始营运了，一切似乎渐渐上了轨道。不过还有一个重要的课题：台湾的医院这么多，究竟要如何建立一所具有佛教特色的医院？大量聘请有佛教背景的医护人员？让病人们研读佛经?还是有其他的办法?

　　法师并没有刻意聘请具有佛教徒身份的医护人员;相反地,他用人不分宗教,医师中有人信仰基督教,有人是天主教徒,还有许多人没有特别的宗教信仰。那么,他该如何展现慈济医院的风格和它那特有的宗旨呢?

考验

　　法师想到的第一件事,就是放弃过去各大小医院实施了多年的陋规——保证金制度。一切以救人为先。他永远无法忘记丰滨那位妇女,因为付不出保证金所造成的悲剧。这种不收取"保证金"的决策,打破了医疗界过去的惯例,造成极大震撼。

　　至于如何突显医院的佛教特质?这个问题似乎从未困扰过法师。他并没有要求每个人都来读佛经,他的实践在于佛教最深邃的理念层面。譬如,医院开始营运时,法师说了一段发人深思的话。他告诉每位医师:"你们并不是来看'病'的。"一听到这句话,大家都一头雾水,医师的工作不是看病,是什么?法师接着说:"你们是来看'病人'的。不只是看他的病,哪里病了就医哪里,更重要的是'人'生病了,要照顾他的人,他的心。"

　　慈济医院的大厅上,镶嵌了一幅高达八尺的《佛陀问病图》

马赛克画作,是前辈大画家颜水龙的作品。佛教徒都称释迦佛为大医王,慈济医院的这幅画作,朴实而生动地展现了佛陀医病救人的慈心悲愿与大德大能。它面对着医院的大厅,无时无刻都在祝福着过往的病人和医师,同时也默默地启示着这个医院的特质与理想。法师常说,每位医师都是"大医王",是良医,也是德医;要医病,更要医人;像释迦牟尼佛一样有无上功德,这是他对医师的期许,也是他对医、病关系的诠释。

一般人都习惯于称护士为"白衣天使",在慈济医院,法师则称他们"白衣大士",也就是救苦救难观世音菩萨。这固然是至高无上的荣耀,可也是一分形象鲜活的鼓励。

整天面对病人痛苦的脸庞,工作压力又大,医护人员难免会有情绪不佳、心情低落的时候。为此,法师特别组织了"慈济志工队",在医院提供义务的服务,法师告诉志工们:"病人们身上都是病痛,无法表达内心的感激,你们在这里,最重要的便是代替病人感谢医师。"多年来,慈济志工在医院里发挥了极大的功能。

这些从全省各地前来的志工,分担了许多行政或庶务工作,还帮医师护士们跑腿打杂,虽然做的都是些琐碎的工作,他们心中却都是欢欢喜喜的。志工们不远千里而来,每次三天到一星期的服务与付出,不拿任何酬劳,对医师充满了尊敬与感谢;感动之余,医师的士气也高昂了许多。

医院总有些烦闷辛劳的工作,为此,法师想出不少别具意义的名词,让大家做起事来可以增添几分欢喜。譬如志工们替护士送病历表的工作,称之为"绕佛"。因为病人都是佛,让我们得以付出自己,体验人间苦痛;送病历表是在病人间绕来绕去,所以就叫"绕佛";替病人洗澡呢? 就叫做"浴佛"了。

影响与省思

慈济医院是第一家不收保证金的医院,这项做法受到社会各界极大的赞扬,进而促使"行政院""卫生署"废除了这项不人道的制度,几十年间积非成是、习而不察的积弊,从此成了历史名词。这个台湾医疗史上的革新,更挽救了许多生命。

万般皆由贫病起,证严法师本着慈悲精神,创办慈济医院,就是为了减少人间的贫病悲苦。慈济人受到法师慈悲精神的感召,纷纷加入医院志工的行列,他们这种无私忘我的付出,不仅感染了病人,在他们身心间发挥了扶持、呵护的功能,更感动了医护人员,使医师们能一心一意落实"医病、医人、医心"的精神。

这使得慈济医院成为培养慈济志工的最佳"道场"。在这里,让慈济人有一所固定的服务场所,学习如何放下自我、体恤别人,如何事事关心、时时惜福;也是在这样的背景下,医院本身自然就成为了养育慈济精神的摇篮之一,不知有多少人,都是在这里明白了感恩的价值——感恩医师、感恩护士、感恩病人,感恩这一切的机缘,可以让我们认识人生、知道付出、获得开悟。

法师所不断强调的身、心、灵"全人照顾"的全方位医疗观念,尤其突出了慈济医院的宗旨与理想。他对医、病关系的阐释,对"良医"的谆谆期勉,对"病人"的"人"性层面、"人"格尊严的彰显,一一为慈济医院打造了坚实的地基,也无不切合了佛教精神的底蕴,标志出这所新医院的特色与风格。

精神疾病的治疗专家亚培尔(K. E. Appel)博士,曾经在他的研究中,根据治疗统计报告的分析,做过以下的结论:

"医师与病人之间的友谊交流,可以说是治愈的关键所在。"

许多到过慈济医院的人都说,这是一所让人感到"舒服"的医院;甚至有人说慈济医院的空气里几乎闻不到药水味——或许是医院的人情味把药味给冲淡了吧;也或许,是那分"尊重生命、人文关怀"的情操,把一切都升华了吧!

下半身被压烂的
原住民少年
——全方位医治的难题

受苦就是了苦、苦尽业消就是另一个新天地。苦难到来、逃也逃不掉、能面对苦难、接受苦难、通过苦难的考验、你就是人生的赢家。

证严法师

背景

在慈济医院，林传钦是一个响当当的人物。一位与死神打了照面，却被慈济医院用尽心力拉了回来的人；一个只凭一双手、一颗心，战胜重重苦难，为自己开创新天地的山地男孩。

家住花莲南方卓溪乡的布农族少年林传钦,国中二年级便因生活的压力,辍学到汽车修理厂当学徒。一九八七年某一天,一辆才修好开出厂的车,满载着大理石,在河床上抛锚。林传钦和老板前去查看,他钻到车底下修车。大概因为河里的石头又圆又滑,车子突然倾斜,车上几吨重的大理石瞬间泻下。心急的老板赶忙找来挖掘机,折腾了三四个小时,才把林传钦给挖了出来。这时,他自骨盆以下已全部被压烂了。

考验

血肉模糊、奄奄一息的林传钦从玉里被急送到慈济医院时,距出事时间已五个小时。许多人都说"没希望了",慈济的医师和法师却没有放弃,全力投入了抢救的工作。在骨科主任陈英和的指挥下,一边输血、一边冲洗伤口,各科医师分头在腹部做人工肛门、处理泌尿系统器官、接通右侧股动脉、锯除左腿,并在骨盆腔做了骨外固定钢架。

手术进行了六个小时,输了二万多毫升的血,又用了六千多加仑的蒸馏水,洗去腹腔内的砂石、抽肠洗胃。手术结束,暂时保住了他的生命,但谁都没有把握,他是否挺得住后续漫长的治疗?

伤口重度感染，隔了一段时间，只好再截去右腿，几乎天天都得切除坏死的组织。这样的伤患怎么救？纵使救得了，又怎么活得下去？当下生命的拯救，未来心灵的重建，都在考验着法师和慈济医院。

林传钦奇迹似地活了下来，而且，更活出了他的尊严与意义。医疗人员悉心照顾外，最大的力量是来自法师的鼓励，和他过人的求生意志。

当时，法师天天都抽空去看他，不停为他打气："你看，医院里还有人比你更痛苦、更绝望！""要有信心、有勇气，我们一起努力，你一定可以活下去。"

他更一再叮咛主治的医师群，不管怎么样，务必要好好地救治林传钦。他有信心，一定能治好这位失去了下半身的病人。

林传钦也再三告诉法师："我要活下去！"失去下半身的他，虽然还不知道自己未来能够做什么，但耳边却始终有着法师的鼓励："不要小看自己，任何人都可以为社会做出贡献。"他也知道："只要活着，就有希望。"

半年后，林传钦终于可以离开床铺，用手走路，在医院中自由来去。他开始练臂力，自己洗澡、自己推轮椅、自己处理人工肛门排泄。

在慈济医院住了一年半，林传钦转往台大医院复健。一切妥当后,他再到台北市民权初中读补校;一九九〇年转到彰化和美"仁爱实验学校"念书,后来并成立多媒体电脑工作教室。

老天爷夺走了他的下半"身",却夺不走他的下半"生"。满怀着慈济人的希望与爱,林传钦用手走出了新天地。

影响与省思

林传钦不仅完成学业,学得一技之长,还参加世界杯残障比赛,一九九三年、一九九四年连续得到游泳项目金牌。

他同时投注更多时间在慈济。在慈济医院里,他总是面带笑容,到各床位帮忙分菜、收餐盒或到服务处当义工,"拜访病友"则是他最重要的工作。

当年,靠着法师的鼓舞和关心,靠着慈济人的爱和自己的信心,他勇敢地活了下来;今天,他四处播送爱的种子,让那些失意、痛苦的病人,从他身上看到希望,走出阴霾。

二十多年前,那个只能躺在床上,不知自己是否还有明天的男孩,不仅"站"了起来,还帮助更多人站起来。在那些住院的病人面前,他就是一则活生生的"说法"。和失去下半身的林传钦相比较,四肢健全的人显得何其幸运,还有什么好抱怨、好气馁呢?正如法师所说的:"只要有信心,每个人都可以有所贡献。

身体残废了,心可不能残废。"

人生难免有苦有难,"受苦就是了苦,苦尽业消就是另一个新天地。"贝多芬耳聋后,登上音乐的高峰;海伦·凯勒天生盲、聋、哑,最后却能说、能写、能读,以演讲和著作为盲人争取福利,让人们对生命价值有更深刻的体认。

在台湾,也有不少生命的斗士。像周大观小弟弟,就以他短暂的生命,写下了《我还有一只脚》,让世人看到生命最动人的诗篇。

只要不放弃,不管只有一双手或还有一只脚,人人都可以走遍美丽世界,都可以写下美好人生。

法师的信念和爱心,慈济医院的理想与特性,在林传钦身上坚强有力地扩散了出来。

考验

第三篇
教育的拓垦

兴办护专，

如何培养"菩萨精神"？
——懿德妈妈和白衣大士

生老病苦，需要雨露和阳光；
慈怀柔肠，轻轻抚平那创伤。

慈济护专校歌 高信疆

背景

曾和几位当年从慈济护专毕业的"女儿"碰面，了解她们的
近况。

这几个"女儿"都已经毕业多年了，分别在不同的地方服务。
谈到对工作的感想，她们都异口同声地表示，经常受到人家赞

美,说她们的服务很亲切自然。我问她们:"你们会不会因此感到骄傲?""女儿"都神色谦虚地回答:"没有!反倒是提醒我们更得努力尊重别人呢!"她们又说:"有时候病人会问我们是哪个学校毕业的?我们回答:'慈济护专',他们都会说:'慈济?怪不得。'"从她们的话中,我似乎感染了那分喜悦与福缘。

慈济医院成立不久后,由于地处偏远,医护人才延揽不易,法师决心要培养一群具有慈悲心的"大医王"和"白衣大士",筹办护专与医学院的构想于焉产生。慈济护专创校于一九八九年,是慈济教育志业的第一步。

和建造医院的情形一样,毫无办学经验的法师,该如何实践理想,办出一所培育良才的好学校呢?

考验

虽是初次办学,在规划慈济护专时,法师心中却早有理想与期待。

他希望这些学子不仅可以接受良好的学校教育,还能够享受温暖的"家庭教育"——因而法师创立了"懿德母姊会",让慈济委员以三位为单位,每单位带领九位学生,分别担任护专的懿德妈妈。懿德妈妈的任务是发挥佛陀"无缘大慈"的精神,将这些与自己没有血缘关系的学生,当成自己的子女。学生们除了修习各种专业知识,日常生活也能得到更多关怀,领悟更多做人做事的道理。平时无法告诉老师的心事,可以对"妈妈们"倾诉,无形中解决了他们各种生活上的问题及情绪上的困惑。

慈济护专又特别重视人文教育。在专业课程之外,还开设了茶道、花道、禅坐、音乐、手语……等课程,法师相信,教育并非只是传授课业的知识,更重要的是教化学生的心灵。护专的学生,将来要做的是救人的事业,更应该培养人文的气质与慈悲喜舍的精神。

法师不时地告诉学生:"在我心目中,各位都是未来的'白衣大士'——救苦救难观世音菩萨,我希望从这里出去的,都是有菩萨精神的护理人员,能呵护、照顾病人,这也是创办慈济护专的目标。"这样的期许,鼓舞了每一位慈济护专的学生,加上"懿德妈妈"和"人文课程"的薰陶,慈济护专总算不负法师的期望,造就了许多蕙质兰心的"白衣大士"。

慈济护专还有一个特色,就是对原住民少女的免费教育。这个以招收初中毕业生为对象的"五年制原住民班",一开始虽然不算顺利,但在公家机关的协助和各方的口碑下,学生日渐增加,目前,每个班级都已额满。花东一带的原住民初中生,很多都以进入慈济护专作为他们的理想目标之一。

影响与省思

常听人抱怨台湾的教育出了问题,升学主义挂帅下,学校弥漫着功利色彩,往往忽略了教育不单是传授知识,更重要的是培养学生健全的人格。

在慈济护专,不论是"懿德母姊会"制度,还是开设茶道、花道、禅坐等人文教育课程,法师培养学生品格的用心无所不在。因为慈济护专不只要培养一群有专业知识的护士,更要他们成为有菩萨心肠的"白衣大士"。在这"白衣大士"的崇高愿景下,慈济投注了众多的人力、物力和关怀,从言教到身教到乐教,从人际的互动、家庭的温馨到典范的接触。法师辛苦树立的这一教育模式,后来在"慈济医学院"的开展历程上,也发挥了一定的成效。医学院里,也有"慈诚爸爸"的组织。

被后人称誉为教育史上"最伟大的教师之一"的裴斯塔洛奇(Johann Heinrich Pestalozzi),两百多年前就曾经希望过:"假如公共教育想要对人性有真正的价值,就得模仿家庭教育的长处";这位"全力为人,无一为己"的德国教育家,也曾说过:"教育的基本原则不是教而是爱"。在慈济护专的模式中,我们仿佛看到了这个理想的传承。

慈济护专毕业的学生现已陆续投入各个医院,他们就像一颗颗爱的种子,将观世音菩萨的慈悲精神散布到医院的每个角落。

有了护专的办学经验,慈济更将教育志业的版图,扩展到医学院,以及筹划慈青生活营、儿童及青少年佛学营等等课余生活的教育体系,充分将佛法散布到每一个年龄层,让慈济爱的教育与人格教化,传播得更远、更深。

这么美的大学用地，谁舍得放弃？

——鲤鱼潭之地

人类依赖天地万物的滋养而生，我们应该以感恩的心来护惜自然资源，让大地拥有美丽的面貌。

证严法师

背景

法师一直以净化人心与社会为理想，希望能够向下扎根，筹设小学、中学，向上筹建一所当代最具潜力的综合大学，以延续佛教的精神慧命，使教育志业世代绵延。

为了建慈济医院，寻地过程可谓一波三折。如今医院日益完备,加上慈济护专、慈济医学院陆续完成招生,法师办学、办医院的成绩愈来愈受各方肯定。听说他想筹设"大学城",许多人都热心提供土地,希望帮助法师完成宏愿。

当时,有人愿提供一块位于鲤鱼潭附近的土地,面积约一百甲,风景秀丽,前去探勘过的弟子莫不惊叹,并向法师大力推荐。法师终于在弟子陪同下来到这片人人称羡的"梦土"。

那是块未经开发的处女地,放眼望去尽是清澈潭水映照着碧绿山林,漫步其间,整个人的心情都通透快活起来。想想,要是莘莘学子能够在如此美丽的景致中求学,会是多么幸福的事。

"这个地方真是美啊!"法师沿着鲤鱼潭绕行一周后,也不禁发出这样的赞叹。看到法师如此神往,弟子们心想,用这块地盖大学,应该是没什么问题了。正当大家都认定这里将是慈济大学未来的校地时,却听到师父缓缓地说:"可惜这个地方用不得啊!"

众人顿时又都傻眼了。师父明明很喜欢这里,怎么会说出这番"言不由衷"的话? 弟子们不解地问:"为什么不能用? 难道师父不喜欢这块地吗?"

考验

"不是不喜欢,而是太喜欢了。"法师摇了摇头说。

既然喜欢,为何又不要?

他接着说:"就是因为太喜欢了,才不忍心占有和破坏呀!我一向呼吁大家要保护环境,要爱自己的土地;如果要利用这块地,就得砍树、挖土,原本纯朴的湖光山色必然会遭到破坏。"

有位委员不死心,接着反问:"师父啊! 这么好的一块地给您建大学,您却不要,以后会不会后悔?"法师非常坚定地回答:"我有责任保护环境。为了清净的大爱,就不该贪啊! 清净的爱是付出,不是占有。"

教育志业固然要进行,法师却不愿为了盖学校而破坏环境。在他心中,环境保护和教育一样重要,都是为了世代的绵延,绝不可以顾此失彼。

法师对环保的坚持,不只在这次校地的抉择上,日常即鼓励大家随身携带环保碗、筷和杯子,避免制造多余的垃圾。慈济在各个社区推行垃圾分类、资源回收工作,就是希望减少对自然的破坏。弯腰去捡拾、分类垃圾时,人们心中或许有些许挣扎,但只要心中有爱,爱世人、爱我们的环境,想给世人留一片净土,这样的挣扎自然会消失了。

影响与省思

"喜欢,就不去占有、破坏。清净的爱是付出,不是占有。"法师为环保而舍弃了大片美好的校地,这样的"舍",才能让后人享有这片美好的景致,是一种何等无私的爱!

商人为了产品卖相好,给予层层包装时,可曾想过这些多余的包装得砍掉多少树?又制造了多少无法燃烧的环境废物?这几年来,因为人类的贪婪与无知,对地球环境造成的巨大破坏,真是举不胜举——热带雨林的快速递减、稀有物种的大量灭绝、自然生态的失衡、臭氧层的破洞……无不威胁到人类的生存。人们真该有所省悟了。

舍弃鲤鱼潭的土地,的确让慈济寻找大学用地的过程更为艰辛,未来,还不知要拖多久,但法师从不后悔。出于对自然的大爱,出于对后代子孙的责任,在法师的开导下,往后慈济在寻找任何建筑用地时,都会以环保为大前提,预先做好环境评估,且坚持不滥用山坡地。法师常常叮咛慈济人:"慈济的理念不是说出来的,是做出来的。"这些年来,透过有识之士不断地宣导和努力,环保的观念渐渐受到各界重视。但在现实环境里,每当人们自身的利益和它发生冲突时,又会找出种种理由来搪塞、来改口。当时为了建学校,急需一块完整的土地,可是当现实与理想产生矛盾时,纵使是如此美好的一片大地,法师却能一以贯之,不改其志地断然拒绝了。只为环境之爱、自然之爱深植于心。

因为爱,所以不去占有、不去破坏,对环境如是,对人又何尝不是如此？爱他，就必须了解他真正的需要，给他适当的关怀与协助，让他自在地成长、茁壮，不是要别人来满足自己的需要，进而控制他、占有他。但愿，人人都能拥有这分清净、无私的爱，爱我们所爱的人、爱大地、爱一切众生万物。让人与人、人与自然，都呈现出一片美好的和谐。

数年前，加拿大的中学教科书上，第一次出现了以法师的事迹为主题的教材。在文后的讨论议题中，曾经提出了一个问题：

"为什么慈济代表了二十一世纪的新文化？"

答案是：因为慈济所追求和实践的"人与人的和谐"、"人与大自然的和谐"。

对慈济人，这是一分肯定，也是一种期待和鞭策。

面对兴奋的弟子，
"祥瑞"二字要怎么说？
——天上的莲花

精"神"统一，万事皆"通"——这，就是"神通"！
正信的佛教，不说感应、不尚神通，唯心是佛。

证严法师

背景

一九八六年三月，慈济医院即将竣工，"静思精舍"进行中的
一些修缮工程也正好告一段落。慈济人仿佛离乡多年的游子，
纷纷由各地赶赴这个不时在梦中出现的"老家"。

多少年来，慈济不断地成长茁壮，"老家"却没有多大变化。

屋舍新了些,右侧的平地上增设了两层志工寮房,没有金碧辉煌的殿堂,"静思精舍"简朴、沉静,灰灰淡淡的色调,一如常往,给人一种平实、祥和与亲切的感觉。

这一天,花莲飘着濛濛细雨,雨中的精舍显得格外素净。当大家正准备下游览车,进入衷心向往的圣堂时,雨忽然停了。不少人好奇地抬头望天,却看到天际两边各有一朵云,两朵云竟然缓缓靠拢,在精舍正上方的天空,形成仿若一朵莲花的景象,阳光自云后照射过来,有如花朵四周散放出的一道道瑞光。

考验

据说,许多人都看到了当天的"神迹",有人兴奋地惊呼,有人拿起相机拍下这个奇景。

世上果真有此奇迹?走入大殿,众人仍兴高采烈地谈论着。有人说,精舍的修缮工程才完成,天上就出现莲花,绝对是个好兆头;有人说,如果把天上出现莲花的照片广为流传,一定会吸引更多人加入慈济。慈济医院就要盖好了,未来的工作需要更多人投入,这无疑是最好的"宣传照"。

听到众人绘声绘影地描述刚才看见的"奇景",法师却只是一笑置之,态度格外平淡。有人提议将照片冲洗出来,广为散发时,法师的神情却严肃了起来。他淡淡地说:"这不过是巧合罢了,照片实在不必洗了,更不该当成宝贝似地四处流传。"停了一下,法师接着语重心长地说:"我希望大家加入慈济,是认同我的理念,可不是认为我有什么神通啊!"

这番话点醒了大家,日后果然再没有人看过"神迹照片",就连我这个"资深"慈济人,也只是听说过这个故事而已。也幸好没有这样的"神迹照片",否则天上的云朵飘忽不定,任何人都可以在其中看到类似某某的形状,这又能说明什么呢?

影响与省思

"神迹"向来是某些教派用以吸引信众的利器。利用所谓的"神迹照片"、"神通"等种种特异行径,吸引到广大信众的事例确实时有所闻。也因为如此,不少人才会将宗教与"迷信"划上等号。

一九九九年大陆的中央电视台来台湾拍摄慈济故事时,导播曾一度表示不以为然,认为佛教徒大多是迷信的。没想到来台以后,听了法师的讲话,听他说到"与其迷信,不如不信"的道理,想法大大改观,敬佩之余,也了解了正信的佛教其实并非迷信。

法师非常反对人们抱着迷信的心态信仰佛教、加入慈济。不但不谈"神通",他也从不避讳大家知道自己身上的病痛。

记得有一次,一位信众的家人因遭受极大打击而精神耗弱,这位信众希望法师能够为其家人灌顶,好让他的精神恢复正常。法师看了他一下,摇摇头说:"如果我摸了摸头,他的病情就会好转的话,我就不必盖医院了。说真的,我实在帮不上忙,还是去找慈济医院精神科的大夫吧!"

现在民间依然流行的"风水学",法师也有一套截然不同、充满科学精神的思维。慈济经常有各种工程破土动工,常有人问:"师父,您看要挑哪一个'好日子'开工呢?"法师总是说:"慈济人遍布全球,台湾的'好时辰',在美国未必是好时辰,真的要找一个皆大欢喜的时间,恐怕是不可能的。在我看来,工人、材料万事都齐备,就是最好的时辰。"他对"风水"这个词意的解释,也饶富智慧:"有风有水的所在,就是好风水。"

四十多年来,慈济人所做的一切,可能是世人眼中的"奇迹";也曾听一位友人半开玩笑地说:法师能够成就这么多大事,一定有某种"神通"吧。事实上,法师自己说得很清楚:"所谓'神通',就是精'神'统一,万事皆'通'。"如以这个说法来讲,在慈济,确实可以看到法师的"神通",那就是他过人的专注力和意志力。

参加慈济二十年了。这些年里,看着法师每天忙里忙外,为着慈济的八大志业到处奔波、劳累,他平日所关心、所做的又大都是"人间事";也看过他生病、吃药、打针,甚至打到手臂瘀青;看他和大家一样,有欢喜、有忧愁、有悲伤的情绪。他也是人,也会有烦恼,也会有挫折,只是他能够很快地转化这些情绪和挫折,甚至也连带地转化了慈济人的心念与行动,积极地面对问题、解决问题。

法师说:"谁叫我做慈济的呢?岂不是自己心甘情愿的理想吗?"那么,就"甘愿做"、"欢喜受"吧!

他毫不掩饰地,让我们看到他那非常真实的"人性"层面。

就算在他的理念下,一天天开创出来的"慈济奇迹",他也都归功于全体慈济人的努力,归功于所有默默奉献的人。他曾教导我们,人人都能够与佛平等;并开示弟子"要智信"、"要正信"、"不要迷信","要靠自己而不是靠神明"。

在这个人心浮动、各种奇说异谈泛滥不已的时代,法师以清净的智慧和立身的典范,教育了许多人,安顿好身心、积极向上地走向"正信"的人生。

当政治的利益
或压力来临时
——慈济与政治

关心社会，但不涉入政治。

证严法师

背景

翻开中外历史，宗教和政治的关系经常错综复杂。有时当政者需要借助宗教稳固其威权，有时宗教需要依附政权谋求生存；更不乏宗教反客为主的事例。其间，固然有宗教界的腐败与偏执，更多的时候，是政治人物利用宗教强化其统治；当然，也有单纯的理念上认同或信仰上的论辩。

历史滚滚而逝,历史的回音却不断提醒我们,每当政治与宗教纠缠不清的时候,悲剧的栅门就被打开。三武之祸、宗教战争、异教审判……这些事例,一再地告诫我们,政治的应该回归于政治,宗教的也当回归于宗教。

有鉴于宗教和政治一旦建立关系,每每会使双方都受到扭曲和误导,慈济有一条"不介入政治"的规则。

考验

慈济的组织日渐庞大,影响力随之倍增,想与政治划清界限,也变得一天比一天困难。过去,执政党曾多次邀请法师或他的弟子,担任不分区民意代表,法师总是坚持原则,一次又一次地婉拒了。

曾有一两位荣董私下谈过:"介入政治,拥有些政治资源也没什么不好啊?若有慈济人担任民意代表,在推动那些和宗教或是社会福利相关的法案上,也会比较顺利,也可能更周详些。"每当慈济的建设计划遭遇挫折时,个人心头也会偶尔浮现这样的念头。

参与政治,获取一些有利的政治资源——面对这样立即而现实的利益,法师还是坚定地婉拒了。关键因素是:他希望每位慈济人对社会的付出,都是出于一颗"纯"良的心,不为任何权位或势力而来。试想,如果法师或任何一位慈济委员,尽心尽力地为慈善公益活动努力,最后却投身政治,不论他的动机为何,都难免遭受质疑。法师就是不希望慈济人受到这种质疑。

若有委员担任民意代表,推动慈济的工作也许方便一点,但大家难免会认为,只要某某人出面,就会省力许多,还需要那么多委员吗? 这岂是法师所愿意见到的结果?

面对许多与政治相关的议题,法师向来秉持着"就事论事、理直气柔"的原则。数年前,政府提出产业东移的想法,鼓励各个产业积极移往工商业都尚待耕耘的花莲、台东一带发展。法师一向重视环保,并不赞成这项政策主张,他认为花莲是台湾最后一块净土,不能再被工业污染了。当时也有不少环保团体表示反对。得知法师的立场与他们相同,这些团体想邀请法师加入反对行列,没想到却被他婉拒了。理由是不想运用宗教力量对政府施压。遇到任何政治问题,慈济的态度向来是"不抗争、不示威",希望透过平和的、沟通的方式,解决问题。

影响与省思

法师经常告诫慈济人:"我们要关心政治,关心社会,但不要介入政治。"也常说:"选举是国民应尽的义务,选贤与能是身为国民的责任。"却叮咛大家不要亲身投入政治、参与选举或是为人助选;他所期待的是,要慈济人都能保有一颗"纯粹"付出的心,避免受到权力诱惑,甚至引来外界的质疑。

曾经有一位住在永和地区的慈济委员,有意参与选举,他专程去花莲探望法师,并向师父说明了自己的意愿。法师问他:"你为什么会有这个想法呢?"他的回答是:"要了解民意、服务社会"。师父的开示完全打消了他跃跃欲试的念头。当时,法师是这样说的:"慈济人时时刻刻都要接触民众,是最能直接去了解民意的;而我们的工作,不就是天天都在服务社会吗?"这位委员现在还在慈济担任委员的工作,天天接触民众,服务社会,内心却欢喜平静得多。

对内如此;一旦面对外界的压力,要能踏实做到"不涉入政治",可绝不是轻松的事。

一九九六年"总统"大选时,法师就碰上一个难题:四组候选人中,李登辉先生和林洋港先生都曾给予慈济很大的协助;陈履安先生则是虔诚的佛教徒,大家也都去拜访过法师,他依然信守"不介入政治"的规律。当时林洋港先生的女儿林明莹为了要助选,还特别来到师父跟前,缴回慈济委员证;消息传出后,各方肃然。虽然许多人都曾听闻慈济这条规则,没想到法师的立场竟是如此坚定。王作荣先生就曾因此盛赞法师："何等胸襟,何等清净,何等修为,值得钦佩!"

公元两千年的台湾大选,国内的选民大抵可以分成三派。在激烈的竞争下,政治急骤升温,竟然狂热到情人自杀、朋友成仇、家人反目的事情都出现了。每当看到这样的新闻报导时,我都不禁为法师的智慧和远见而感佩。我相信,众多的慈济人,也一定与台湾的选民结构类似,有着不同的理想人选。却因为慈济人彼此不谈政治、不互相拉票的规则,早已内化成"慈济文化"的一环了,谁要是破了这个规则,肯定会被慈济人抵制的。这才使得慈济人能保持一贯的向心力,不致因政治倾向不同而相互怨怼,甚至离心离德,抵消了大家奉献社会、回馈人间的理想。

"政治归政治,宗教归宗教",是法师的教诲与坚持,是人类用无数血泪和勇气书写出来的沉重经验;这是文明史上最庄严的冠冕之一,也是民主社会最基本的表征之一。

在宗教界的质疑声中

——走出情绪的牢笼

不受负面情绪干扰、坚持做对的事，就是面对他人质疑时最好的辩解。

证严法师

背景

　　任何事情的评价总有正反两面，慈济自然也承受着两极化的论点。早年，宗教界的观念普遍较为保守，慈济以入世态度致力于济贫事业，积极参与医院兴建、教育事业等社会建设；佛门内固然有人给予掌声，但也不乏质疑者。

潜心向佛的人,既然选择剃度出家,无非是为了远离尘世,清净修行,先求度化自己,才有能力度化别人。严格来说,早期佛教界对慈济积极走向入世志业的质疑,也有它合乎情理的一面。

选择到僻静的花莲修行,法师是为了藉由清修,增长佛法智慧;当潜修日久,如何从佛法的智慧中普度众生,已渐渐在他心中孕育、萌芽;早年那位难产妇人在医院地上留下的一摊血,却让这颗种子破土而出,加深他的觉悟,加快他的步履,让他深刻地体认到,"佛法在世间求"的积极意义。

考验

思想观念不同,加上一些以讹传讹的误解,法师及慈济的处世方法,不免遭受部分佛教人士的怀疑与批评。人生苦难无数,但家人对自己的误解,甚至反对,恐怕是最痛苦且难以承受的吧!对出家人来说,佛教界便是自己的家,屡屡面对佛门质疑,法师不是没有苦楚,但他从不多加辩解。

曾有一位出家人打电话责问法师,佛教僧侣接受供养是天经地义的事,法师主张"不受供养",岂不是给这些接受供养的僧侣们出了难题?法师平心静气地听完对方的责难,未加辩解;这位师父也没再多说,就挂上了电话。那一刻,法师心中仍记挂着对方,可能还有误解,尚未消气,又拨了电话去道歉。法师态度谦和地接受了批评,并且为此特地再打电话去解释,这是他面对质疑时一贯的态度:宽容、忍让、谦和;多替对方想想,不要只顾到自己。

就在那位出家人打过电话的第二天,法师去了台东。不意在那里又遇到类似的责难,有人甚至当着弟子的面,批评了法师。他也一样没有辩解,只是在事后告诫弟子:"人与人之间难免有误解,因此而受到人家的批评,大家心里都会痛苦;那么,我们就更不能随意批评别人了。"

日后,法师对大家说起此事,他说:"出家人接受供养是合乎佛制的。我不是主张出家人不该接受供养,而是我自己做了另一种选择——精神理念上的供养。从这个角度来看,我还在接受慈济弟子的'供养'呢! 我们受的是世人'行'(出力行善)和'敬'(尊敬理念)的供养。"

随着慈济志业的日渐蓬勃,质疑的声音也从佛门延伸到外界。每当批评的声浪涌起,都有满腹委屈的慈济人想提出辩解;法师却一再地开示大家,不要做一个轻易就伤害别人的人,不要在人我是非中彼此磨擦。

影响与省思

　　观念不同,可以不予回应,对慈济的不实批评,为何不辩解呢? 关于这点,法师说:"是非当教育,赞美作警惕;嫌弃当反省,错误作经验。任何批评,都是宝贵的一课。"又说:"非来变为是,恶来即成善,任何是非都能善解就无是非。"况且,"慈济还有那么多事要做,只要我们本身行为端正,坚持做对的事,哪还有时间为自己的作为辩解呢?"

　　对不同的观点或误会加以辩解,是人之常情,理性的辩论或许能让真理愈辩愈明;法师的态度却超越了这些。他总是先反求诸己,然后用更大的努力、用事实的本身来证明这一切;对于更多的慈济人而言,这也就凝聚了一种不成文的共识——慈济要做的事太多,没有时间为自己辩解;我们把大部分的时间用来做事。正确的批评,虚心接受;不实的指责,作为教育。几年下来,外界对慈济的批评少了,赞美多了;误解少了,认识多了。

　　这样的结果,让我深有所感:不受负面情绪的干扰,坚持做对的事,就是面对他人质疑最好的解释。

　　美国著名顾问公司"法务研究"的总裁是一位专业心理学家,他曾说过,每种想法或情绪,都会在个人的生理上引起相对的反应(譬如想到梅子,口中就会分泌出津液)。一旦人们受到不平情绪的干扰,身体也会跟着失去平衡;而一切负面情绪都会影响我们,使我们成为它的囚徒,甚至污染我们的行为与表现。

　　法师的开示,叮咛慈济人面对批评的态度,给了大家最好的心理建设,使我们能够身心安泰地去做事,行为或表现不致有差池,才能一点一滴彰显出慈济的理想。

吃饭穿衣也要管?

——慈济人的"家教"

身端庄、心才会端庄。

证严法师

背景

四十多年的坚持与耕耘,让慈济与慈善工作间划上等号。大家印象中,慈济人总是温柔和善,随缘欢喜地面对众人;人们可能不知道,积极参与社会服务外,法师对自己及弟子们在佛法仪节上的修行,可一点都不马虎,自律甚严。

对慈济人的食衣住行坐卧,法师也有一套严格规定。食的方面,要"龙口含珠,凤头饮水"。意思是拿碗的时候,左手拇指轻按碗缘上端,其余四指托持碗底,如此,拇指与食指间的模样像是"龙口";"珠"则指碗,这种握碗姿势,叫做"龙口含珠"。"凤头饮水"是指持筷动作,应似凤鸟饮水般轻盈优雅。这样的进食态度,才能彰显出修行人的尊贵庄严。

关于穿衣,则讲究端庄。法师常说:"身端庄,心才会端庄。"慈济的聚会场合,女性委员一律将头发挽成髻,就是外界称道的"慈济头";身着藏青色旗袍,称为"柔和忍辱衣",或着蓝衣白裤的"蓝天白云装"。

住的方面必须整齐、清洁,不可凌乱散漫,随兴弃置东西。至于行,要求的是身行:一个人脾气不好、嘴巴不好,心再好也不算是好人。因此待人接物要时时自我警惕,务求心行合一。

然而"众生刚强,难调难伏",不是每个人都能身体力行这种种严格规定,何况许多人都认为佛法重在修心,生活常规并不打紧。这方面,法师自有方法"调"得弟子们心服口服。林月云委员便透露了一段发生在她身上的故事。

考验

林月云是一位十分热心而且募款能力一流的委员,因此,大家对她都很敬重。但某一回打佛七的仪式上,法师却让她在众人面前吃足苦头。

那回佛七的头一天,法师依例从教大家穿海青(佛教徒礼佛的服装)开始,并点名林月云以及一名老妇人出列,要她们在大伙儿面前做示范,林委员心想,自己跑过十几个道场,又受过菩萨戒,连护法都做过了,穿海青这种简单事,当然是驾轻就熟,全不费工夫。

法师先亲自示范一次,然后叫林委员和那名老菩萨跟着做一次。老菩萨年纪大,怕自己学不会,格外认真;倒是林委员自认十分娴熟,没想到居然一再出错。法师对他说:"你看你连衣服都不会穿,老菩萨都比你强呢!"众人一听,也都笑了。向来在各个道场"叱咤风云"的林月云,第一次尝到粗心大意的苦滋味。

第二天,法师又从穿衣服教起,"怎么今天还是教穿海青啊?"林委员心想:"这回应该不会叫到我吧? 哪那么巧?"没想到,法师的眼神又落在她身上。"铁齿"如她,觉得今天不可能继续被点名,所以根本没练习,这回上去,还是不会,众人笑得更大声了。

中午,德如师父拉着林委员的手说:"我们来练习穿海青吧!我知道师父的脾气,他要'调'一个人,一定会'调'到底的。"林月云说:"我就不信明天还会教穿衣,七天里有三天都在学穿衣,那么剩下的四天该做什么?"德如师父见她如此固执,怕她再挨修理,于是苦苦哀求。林月云不忍拂逆,也就答应了。两人找了个十分偏远的角落,偷偷地练习。当林月云练得正起劲的时候,法师竟已无声无息地走到她们身后,她们吓得一身冷汗,还没回过神,师父已开口:"早点像这样子练习不就好了。"

第三天,法师还是教大家穿衣服。林委员心想:"德如师父真准,料到今天还是学穿衣,还好我已经做了万全准备,看师父如何考我?"果然不出所料,林月云又被点上台,她自信满满地等在一旁。法师竟说:"今天不学穿海青,学搭缦衣。"

这回,林月云穿得比前面几次还糟,大家都笑弯了腰,连法师都忍不住笑了。接着师父还叫男众拿了一面穿衣镜来,她一见自己镜中的模样,羞愧得不得了。"当时只差没挖个洞躲起来!"林月云忆起当时的窘况。

"师父说:'我看你是一块桧木,敲下去不会裂,若是一块烂木头,敲下去就碎了。'"林月云接着又说:"我实在佩服师父当时的勇气。那时候,慈济还很克难,我的募款能力一流,可以说是个大磁场。我进入慈济时,还带进了一大群会员。想想看,师父这一锤下去,力道若是不对,跑掉的可不只我一个人;师父的方法若不对,只怕不但不能达成教育我的目的,还可能让我的道行大减。"

影响与省思

教育本非易事。孔子说"因材施教",必须先看准对方是什么样的材料,再找出方法,对症下药。林月云的故事里,法师要"调"的,无非是林月云的"傲慢心",让她理解——唯有抱持谦虚心,才能学到新事物。

法师教导弟子通常分三个步骤:先是赞美,接着批评、指责,最后则让弟子自我检视。他常说:"教一个人必须看机缘,不该赞美时,赞美会害人;还不能批评时,批评会伤人。"所谓的机缘,在我看来,正是他对各人资质敏锐的判断力。

当然,教育首重身教。无法以身作则,一切都是枉然。所以法师要求弟子们遵守的规定,自己一定身体力行。

中国宋代的大学者朱熹,是一位融会古今、影响深远的理学家。他所写的《训学斋规》,一开始就谈到了"衣服冠履"。他把整齐仪容视为立身行事的第一要务,如果穿衣、结发都很随便,"则身体放肆不端严,为人所轻贱"。他说:"大抵为人,先要身体端正,自冠巾、衣服、鞋袜皆需收拾爱护,常令洁净整齐……"诸如头巾、腰带、盥洗、更衣等等细节,都有仔细的说明和规勉。

古典的生活教育,也许有若干形式已与今人不同了,可是它的精神却始终如一。这是"人格训练"的第一篇,也是"自尊自重"的第一章。遗憾的是,现代的生活教育,似乎已经不弹此调了。法师对慈济人的"家教",弥补并充实了这些篇章在当代教育中的空白。

考验

第四篇

不断地提升

滋润苍生的大智慧，从哪里来？

——不出国门的出家人

智慧是从人与事间磨练出来的，用心体会人生中每一件事，智慧自然会增长。

证严法师

背景

从位于花莲的"克难功德会"起步，现在，慈济分会已广布全球四十多个国家了；从济助一位孤苦无依的老太太开始，到赈灾足迹遍布世界，慈济大爱的触角不断向各地延伸。慈济的掌舵人——证严法师，却不曾踏出台湾半步。

一个从未出过国，也没有受过太多正规教育的出家人，如何有能力带领海内外数百万慈济人，并处理功德会繁多的志业？

考验

一定要高深的学历、广阔的游历，才能有长远的眼界、通透的判断吗？在法师身上，可以找到不一样的答案。

他究竟是如何吸收知识、增长智慧的呢？

除了每天读书、收看各地的新闻报导，特别是从慈济各分会传回的消息，得知天下事之外，法师最重要的课业，是阅读"人生的大藏经"。因为每天都会接触各式各样不同的慈济人，从这些个性不同、背景不同、见地也不同的信众或会员身上，法师以他特有的关怀和包容，不断地吸收别人的所知、所见与所思，以及各种宝贵的建议，日复一日，修读人生大学的学分。精舍还常常有外人来看师父，包括了中外的学者、企业家、政治家、宗教家……乃至各行各业的人。所以法师说，"每天都是人生的一页"，他每天都在读，不止一页的人生。

曾有人问，书人人会念，身处现代社会，大多数的人每天也必须接触各种各样的人，心中为何还是充满踬碍？

关于这点，法师的法门是"放空"与"专心"。听别人说话时，必须先将自己放空，不可心存成见，才能将别人的话真正听进去。另外就是专注于现在，因为未来是妄想，过去是杂念，唯有专心于当下，智慧才不会停滞不前。

多年前，我的好友当时担任《中时晚报》社长的高信疆，曾经请教法师："您是如何观看这个世界的呢？"

"打个比方，一般人看世界、看一花一草时，是把它放在一张白纸上看；真正的观者，是把它放在玻璃上观赏。"因为，在白纸上观看花草，仿佛看一幅画，这样的花草是单独的、没有生命的，看不到它和身后环境、身前事物的因缘；若把花草"放在玻璃上看，是透明的"，可以看到一花一草与自然背景、天地万物间的关连，处处透露着因缘和生趣。如此，花草便不只是一朵单独的花草而已了。

法师以这样开阔深透的眼光来看待世间事事物物，因此才能看得广、看得真、看得圆融鲜活。高先生也在法师的感召和我的大力推介下，辞去了位高权重的《中时晚报》社长，成为慈济的义工。他后来对慈济做出了许多重大的贡献，尤其《静思语》一书的编辑出版，更是影响深远。

影响与省思

环顾我们生活的周遭，一般人看事物，的确多半是纸上看花。以最简单的事情做比喻吧！有些人看到别人夫妻吵架，单看两人争执的事端，就此判定是非。智者却可以看到事件背后的因果，找出问题的真正症结。

什么是"智慧"呢？一生著作等身，能把深奥的殿堂经典化作哲学趣味的威尔·杜兰（Will Durant），就曾做了一个很有智慧的解答。他说，智慧是一种"全面的观看"。这不就是法师观看这个世界的态度吗？当代的管理顾问查理·史密斯（Charles E. Smith）也指出："广泛地聆听，只会发生在一个时常心怀感恩的人身上。"法师的生活里，"感恩"与"聆听"是无所不在的。惟因他是一位真正的"聆听者"，才能"随时感恩"、"海纳百川"，才能实践广博的大爱；也惟因他是"全面的观看"者，所以"聆听"就成了智慧的源泉与力量的所在。

想想看，法师的弟子遍天下，随时随地都有人回来看他，向他汇报慈济在各地方的情况，也提出各种不同的问题，或是国际赈灾、分会会务；不只是口头报告，又有书面、照片、录影……虽然从未离开过台湾，他却跟随着这些慈济人，看到各处的暗角和光明，阅历了人世的灾难和温暖。

全球数百万的慈济人，扮演了法师的"千手千眼"——当这种种都在他心中条理通透时，他的观看自然愈益深邃而全面了。

同样一本人生大藏经，有人囫囵吞枣，难以消化；有人视而不见,毫无所获;有人以偏概全,充满"我执";有人则字字珠玑,句句有味。个中差异,端看是否能觉察自己的盲点,能够充满感恩地"聆听"、能够全面透彻地"观看",能够超越一时一地一己的限制,挖掘出属于生命的大智慧、大矿产。

面对国内外的各种荣誉，该怎么拿捏？

——有形奖章不如具体行动

将爱化为行动，感受助人时所得到的快乐，就是最大的成就。

证严法师

背景

多年来，法师对社会的贡献无数，也得到国内外各界的许多表扬。一九七六年，慈济荣获台湾"省政府"评定全省寺庙兴办公益事业第一名；一九八六年，法师获颁"华夏一等奖章"、"全台好人好事代表"；一九八九年，李登辉总统亲颁"慈悲济世"匾额；

同一年,法师也得到美国"台美基金会社会服务奖"和"吴三连基金会社会服务奖"。一九九一年,法师更荣获菲律宾"麦格塞塞奖"的社区领袖奖。来自各界的种种奖励和赞扬,一直未曾中断,法师却始终淡然处之。

考验

患有心绞痛,不宜长途旅行,法师从不曾出国,亲自接受国际团体的颁奖。其中,有三个令人印象格外深刻的故事:

有一年,香港中文大学将颁发荣誉博士学位给法师,该校的惯例是:必须本人亲自前往受证。当时,慈济的弟子们都雀跃不已,大家都希望师父能破例前往香港一趟。但他竟依例告知主办单位,因为健康的考量,无法亲自前往,只能对该校的肯定表示感谢。法师对这件"大事"处之泰然,让弟子佩服之余,也深感惋惜。意外的是,香港中文大学得知此事后,竟打破惯例,允诺可由法师的弟子代他参加受证仪式。

菲律宾颁发的"麦格塞塞奖",则改由台湾驻菲代表出席领奖。法师在书面致谢词中,表示:"中国古圣先贤说:'天下事不是一人做的,是大家共同成就的。'又说:'天下事不是一时做的,是一人接一人,一代接一代相继完成的。'若说佛教慈济功德会二十年有成,那是所有佛教徒、慈济委员、会员与社会爱心人士胼手胝足,共同创造出来的⋯⋯"三万美元奖金,他把一半捐给菲律宾政府,济助因菲律宾火山爆发受害的灾民;另外一万五千美元,则拨作大陆赈灾之用。

还有一次,国际摇滚巨星迈克尔·杰克逊成立的基金会,计划将其第一届"杰出社会公益贡献奖"颁给法师。得知这项消息,我兴奋得不得了,心想:以迈克尔·杰克逊的知名度,这个奖必然会吸引全球目光,对慈济有绝佳的宣传效益。当下便拼了命地劝师父:"医学如此发达,您心绞痛的药可以随身携带,由医护人员随行,搭十来个小时飞机,应该不会有危险才是。"没想到,师父不但不回应,还以严峻的眼神看了我一眼。法师婉谢受奖后,这个奖颁给推动艾滋病人权活动不遗余力的国际知名影星伊丽莎白·泰勒。后来在电视上看到颁奖典礼的实况录影,办得好似巨星得奖,充满了声、色、歌、舞。这个奖立意虽好,但颁奖形式和法师的风格确实出入太大了。

影响与省思

有些人一生汲汲于名利,耗尽心思为求虚名,到头来往往求之不得;即使勉强得之,内在也缺乏踏实感。智者重视过程,努力实干,声名反而水到渠成。像法师这般看淡掌声,毕竟是少数。

九二一地震后,救灾现场的慈济人总是一袭蓝衣白裤,驻扎的地方都挂上了慈济的旗帜,有人因此批评慈济爱作秀。殊不知穿上"蓝天白云"不是为了作秀,是希望灾民易于在混乱中辨识救援系统。试想,法师连国际奖章、博士学位都可以不放在心上,怎么会利用赈灾来作秀?

至今,大家仍希望法师能够大方地接受各种奖章,不过诺贝尔奖得主李远哲博士曾说,得奖后最大的差异是:原本平静的生活变得不得安宁,徒增许多不必要的困扰。这段话让慈济人对师父的坚持,有了更深层的理解。

法师曾说,眼前有做不完的事;他心里记挂的是,如何将关怀付诸实际行动,得奖与否,并不重要。在他心中,有形奖章永远不及具体行动。

专款专用，
还是投资生财？

——"济贫"与"教富"

做慈济不是有钱人的权利,是有心人的专利。布施
的确需要钱,可是钱不是最终的目的,钱的多少也不
是最重要的,唤起每一个人愿意付出关怀的心、才是
最重要的。

证严法师

背景

一九八九年,慈济护专开学了,设立慈济医学院的构想,也

开始酝酿成形。慈济人纷纷前往医学院预定地参观,以便了解地理位置及周边环境。那时候,一眼看去,一大片美丽平坦的土地,从事房地产业的我,仿佛见到一个商机处处的大宝藏。

偌大的土地上,不过散置着几处低矮的平房。我心想:学校用不到这么一大片地啊!将来学校盖好,附近自然会形成商圈,为什么不趁着尚未被建商开发的时候,先买下附近的土地呢?日后,地价上涨,慈济一定会获利不少,钱多了,岂不是可以做更多好事吗?

来自各地的会员捐款,当时也日渐增加了起来,那么一大笔善款,法师却只是专款专用,放在银行里生利息,不准挪用到别处。这些事实,看在我这个"生意人"眼中,总觉得实在太没有经济效益了,若将这些钱拿去投资股票、房地产,利上滚利,慈济的财富绝对可观。

考验

于是,我便非常"专业"地建议师父,不妨买下学校附近的土地,或将慈济的善款做一些可能的投资。当我兴味盎然地提出这个想法时,法师不但不为所动,甚至连谈下去的兴趣都没有,更别说投资了。我不死心,再三将投资的好处分析给师父听:

"钱多了，慈济不是可以做更多事吗?"一直沉默不语的法师，这时非常坚定地告诉我："不必再说了。向我做这类建议的人，其实不只你一个，我并不同意这么做!"

到底为什么呢?投资理财不是什么坏事呀!我还是不甘心地表达了个人的困惑。

法师拗不过我的执着，只好说出他的想法:他不是不知道投资的好处，慈济确实需要更多的钱。但是钱毕竟不是慈济最终的目的，钱的多寡也不是最重要的;最重要的是唤起每个人愿意付出关怀的心。"我希望福田大家种，也希望大家能够永不止息地付出。慈济不仅要'济贫'，也要'教富'，唤起大家的爱心，教育大家的善行，培育每个人爱的种子才是最重要的。"况且，这种投资方式和做生意没啥两样，岂不严重违反了慈济的理念吗?

影响与省思

这些年来，眼看慈济会员不断地增加，至今已经超过四百万人，我更佩服法师的智慧。

如果当初法师真的接受了我和别人的建议，做了理财、投资，慈济的资财也许会增加不少，然而它的信众和会员呢?它的信誉和理念呢? 它跟人们的接触还会那么多吗? 这是否会逐渐演变成一个变相的跨国大企业呢?

不愿意将钱拿去投资,永远想做更多的事,使慈济一直处于"入不敷出"的状态,慈济爱的大门也因此时时敞开,需要大家的爱心源源不绝地浇灌慈济这块大福田。在这里,众人奉献的金钱、物资与心力,才可以更清楚明白地展现出来,也可以毫无保留地送给需要的人。世上的爱,绝不嫌多,法师希望大家的爱心都能被激发出来,人人都有耕植福田的机会。

让慈济一直保持"缺钱"状态,还有一项重要意义:确保慈济不做错事。因为一旦犯错,社会上对慈济的捐助就会停止。这样的坚持,仿佛是一个安全闸门,避免了一切有意无意的偏差,也时时提醒着每一个慈济人,要更加珍惜、更加努力。

记得一九八七年刚入慈济时,听法师讲到未来要做的事,包括医院的二期工程、护专……所需金额从十几亿到几十亿。那时我心想:这对慈济委员们不是太辛苦了吗? 他们要去哪里募集这么多钱呢? 可是师父总是说他有信心。现在的募款数额更到了百亿元以上,光是二〇〇〇年就有五十五个希望工程要发包,统计超过了两百亿元,简直太惊人了。可是慈济的委员们(包括了我自己)都不嫌辛苦,反而大都感恩有这个募款"教富"的机会。原来,法师是用有形的建设来吸引无形的爱心,用有形的奉献来缔造无形的幸福。

这终于使我明了了:师父的理想从来就不是钱的多寡,而是人心的净化,从根建起是人间净土;是慈济精神更广泛地开展,永不变质。

为了落实社区服务，
可以拆散原有的组织吗?
——落地生根的志工联络网

一眼观时千眼观，一手动时千手动。

证严法师

背景

一九九六年，贺伯台风席卷台湾，中南部灾情严重。许多城镇淹大水，一楼居民的屋内积满了水；二楼以上的人，出不了家门，不少人只好攀坐在阳台上，等待救援。

大水使得这些城镇对外的交通几乎瘫痪，救灾人员的行程因而受到延误。许多居民被这场突如其来的灾难，弄得不知所措。慈济第一批救灾人员抵达现场时,竟听到困在楼上多时的民众,有人不满地喊叫着:"慈济的人怎么到这个时候才来?"

"慈济的人怎么到这个时候才来?"虽是偶发的怨言,却撼动了法师。他心想,救灾最要紧的是时效。受制于交通等种种非人力所能控制的因素,慈济人进入灾区,可能已耽搁了最能发挥救灾效益的第一时间。这确实是一个不容忽视的问题。如果灾区当地的民众,也能有效地动员起来;如果慈济的委员能够把每一社区都组织起来,那不是更能掌握时效、更可以迅速展开救援行动吗?

"要是那些在阳台上等待救援的民众,能够先有准备,配合在地的组织一起救灾,该有多好!"

"灾区的民众先动起来,才能在最短时间发挥最大的救援效果。"

贺伯台风让法师有了这层深刻的体认。

事后,法师毅然决定:将慈济委员的组织,做一次大规模的调整,打破以往以组别为中心"母鸡带小鸡"的形态,不再运用过去熟练的资深委员带领自己亲友加入慈济的模式,改以"社区"为单位,建立深入全台每个角落的"慈济社区志工联络网"。

考验

　　这个决定让许多委员有苦难言。原本以亲朋好友为主干的小组,彼此都很熟悉,联系动员起来方便多了。这会儿,成员换成了社区居民,在当今街坊关系十分冷漠的都市人中,要推动慈济的理想,一时间似乎困难重重。熟面孔换成了生面孔,感觉跟家庭成员被拆散一样难以调适。

　　过去老委员带新委员,没有地缘限制,靠的是熟人组成的人际网络,万华区委员带的新人可能住在汐止,彼此间的感情却相当深厚。如今,组织更动,打散过去"母鸡"、"小鸡"、组长、委员的形式,对慈济的凝聚力量无疑是很大的考验。组织依区域调整后,有些社区挤了一大堆老组长;有些社区却只有一两位委员,只能单打独斗、重新开始。林月云委员本来是拥有数百名委员的组长,整编入当时只有她一个委员的土城区,必须从环保等"基层"工作,从头做起。

　　多年来做过无数突破现状的决定,每次都不容易,可每次也都带来了更大的成效。这次法师决意推动"慈济社区志工联络网",并没有受到太大的阻力。大家心中纵使有种种不愿意,站在尊敬师父、相信师父,认同他要将服务更直接、更快速地落实到社区的想法,只好先做做看再说。大伙儿都没想到,这项革新的做法,竟迅速发挥了极大效益。不论是林肯大郡、华航空难、汐止水患、芭比斯台风,还是九二一地震,靠着"社区志工联络网",做到最快速的动员力量,大小灾难,慈济人无不在第一时间内赶到现场。

影响与省思

贺伯台风的教训,撼动了法师,决心把慈济原有的组织重新改造,以更切合慈济理念与救难本质,进入社区,期能落地生根、闻声救苦、遍地耕耘、花开处处。这一决定,对当时的慈济委员而言,不啻是另一场内部的贺伯台风;对慈济本身,也可说是一次触及到神经末梢的大手术。法师所冒的风险,不可谓不大。

他的"成功法则"是什么?

首先,是目标与方法的契合。慈济的理想,从"无缘大慈、同体大悲"到"予乐拔苦、济贫教富",永远都是"急人之所急"、"济人之所需",如今,发展到一定规模之后,却不能在别人最需要的时刻及时伸出援手,在法师看来,这本身就是一个问题;在外界看来,也难免抱怨了。

其次,就是"判读警讯"的能力。一句偶发的怨言,从慈济委员的口中漫不经心地说出来,却触动了法师的整体思考,认识到现实的紧迫性与问题的全面性,进而构思并从事了"结构重整"的大工程。

再者,是"通路"的周密安排与顺畅运作。试想,这样庞大的组织,如果纵的联系与横的传输不够活络、不够协调,又怎能及时动员? 力量从何发挥? 在这里,法师细致的思虑、沟通的能力,以及慈济人长期累积的互动经验与组织活力,都展现无遗。

当然,内部的认同、外界的期许,也纷纷打造了成长。在大家的全力以赴、协同合作下,"社区志工"终于从理想变为事实,慈济再一次通过了自我改造的考验。新的社区志工组织,有如新规划的道路网,紧密包覆着全台湾的每一个角落。每有状况发生,深入草根的联络网便将在地的情形,由内而外传出去;各个不同的组织再依各地需要,相互支援调度。如此一来,机动性更强,行动更灵活,功能也更大了。

新社区制度推行以来,让慈济人能在紧要关头掌握地缘关系,就近动员,立刻进入状况。在救灾救人上,发挥迅速、实际的赈济效果。这就是为什么九二一地震发生后十五分钟,两名慈诚队员已经火速赶到"东星大楼"现场;清晨五点不到,大楼现场已集聚了数百位慈济人的原因。

"慈济社区志工联络网"也造福了社区,让渐趋冷漠的现代人体会到守望相助的重要性。执行这个新制度,每个慈济人都曾从中学习到过去不曾有的成长经验。一位资深委员就表示,从"大"组长,变成"小"委员,整个过程让他懂得什么叫做"放下身段、放下心段的自在与安泰"。

过去曾听人批评少数慈济人,在外面做的是一套,回到家里又是一套,仿佛行善、念佛只是自我满足而已。推行"社区志工联络网"后,左邻右舍都知道你是慈济人,一言一行都是十目所视、十手所指,也就格外留意自己的言行举止。渐渐地,说话轻了,背也打直了。这样的改变,起初可能受迫于众人的眼光,久而久之,是内在起了变化,"行于外、修于内"的境界自然形成。

人与人间相互扶持、患难与共的精神,也因"社区志工"理念的长期推动,散发出更见温馨、悠长的光和热。

志业庞大，又需人才，
还要严格挑选、磨练出家弟子？
——如来家业的考验

用出世的心，做入世的事，则人人皆可成菩萨。

证严法师

背景

社会上不时出现这样的家庭冲突：有些人参加佛学活动，或长期接触佛教思想，突然放下家庭与事业，遁入空门，导致父母伤心、妻小痛苦。

佛教界对出家并没有太严格的限制，只要一心向佛，愿意落发为僧尼，法师多半愿意收为门下弟子，可以正式出家。若未取得亲人谅解,不顾一切出家,对家庭及社会造成冲击,却绝非佛门本意。

为了减少这类冲突,对于接受出家弟子,法师的态度,向来审慎。

考验

理论上,广收弟子对推广佛法确有直接助益。弟子多,传法的人就多,而且慈济志业众多,无形中也增加不少认真推动的"志工"。长久以来,都有各界人士受到法师的感动,想要皈依门下,落发为尼。当中不乏博士、医师等学有专精的高级知识分子。法师不仅没有因此广收这些弟子,相反地,他接受弟子的条件格外严苛。

他曾有过这样的说法:"出家是一辈子的事,和女孩子出嫁一样,都要非常慎重。出嫁,不该是激情、冲动的决定;出家,尤其是清静澄明的坚定抉择。"然而在本质上,出家比出嫁又艰巨得多,责任也更重大了。出家人"要挑起如来家业,挑起教化普天下众生的责任","这个担子既重又远,万一承受不起,不是更苦吗?"

因此,关于落发出家,法师有两项坚持:第一,学有专精的人,应先考虑在自己的工作岗位上发挥所长,不要轻言出家;第二,有先生、小孩的人,必须先将家庭照顾安顿好,等到大家都赞同了,才能考虑出家。至于未婚的青少年,除了要求弟子出家前必须审慎评估外,同时要有双亲的同意,方可出家;这是提醒想出家的年轻人,必须顾及为人子女应尽的孝道,减少家庭纠纷。

还有一项更严格的门槛:弟子在正式剃度前,必须先带发修行两年以上。所谓"出家容易修行难、剃头容易剃心难",法师所看重的,绝非表面的形式,而是内在的修为与佛法的实践。

通过重重关卡,成为出家众之后,绝不单是诵经、修行而已,每位出家弟子都要与常人一般种田、工作,从做事中修行。他不要大家对出家生活心存幻想,以为出家就可以远离尘世。法师希望门下弟子体认到:出家,是为了全心以赴,无所牵挂地替众生做更多事、尽更大心力。

早期,法师的出家弟子都要读《论语》,不但要读,还要能背诵;他对出家弟子的要求,比我们这些慈济的在家弟子可严格多了。每次有大型活动时,看到师父座下的出家弟子,无论个人风仪或团体纪律,都是中规中矩,一举手、一投足,自有一股庄严肃穆、从容自在的气质,心中总是敬佩不已。每年的佛诞日,他们整齐出列在浴佛法会上,带领着大家浴佛行礼时,全场的气氛霎时都凝聚到他们身上;看着他们虔敬的举止、慈悲的仪态、整齐的动作……许多慈济人都流下了泪水。

影响与省思

由于对出家弟子筛选过程的严格,在慈济多达四百万人的会员中,能进入法师门下,成为出家弟子的却极少。虽然少了出家众,却多了更多在家弟子。

来自各行各业的慈济人,有家庭主妇,有企业家,有上班族,有士、农、工、商,也有医师、律师,他们各自在社会不同的角落,投入社会公益,为世人奉献心力。法师在感恩之余,总不忘提醒慈济人,一定要同时兼顾家庭,不能因为做慈济的事,把家人冷落了,把家事忽略了。此外,因为法师对"出家"订下高门槛,男众们愈益放心让自己的妻子投入慈济;他们知道自己的太太不会因热心投入而忘了家庭,更不会轻易走上出家这条路。

再说,加入慈济不但不容易出家,也不论你是不是佛教徒,只要有爱心、肯行动,人人都可走入慈济的大爱世界。他对一切正信的宗教都保持着尊敬而开放的态度,从不讳言天主教开办医院的理念对自己的启发。法师多次强调,形式不重要,在家众可以"用出世的心,做入世的事";有时留在自己的工作岗位上,更可以落实佛教精神,为众生贡献更多。

即使是学佛的人,法师也教导这些信众,要把佛陀的教义,应用在日常生活里。他说:"我们要学佛的信心、毅力和勇气,学佛牺牲小我、完成大我的伟大精神。"因此并不鼓励信众勤跑道场,他的开示是:"直心是道场,正心是道场,深心是道场。"反对一切迷信、轻信、排他的行为。

未来学学者艾文·托佛勒(Alvin Toffler)曾经忧心忡忡地说:"今天有些极为快速茁壮,又极为有力的宗教运动",却是一股"结合了极权统治和泛宇宙性两种特色的宗教"。很不幸地,这却"和民主的一切定义都相冲突"。托佛勒称呼他们是"新黑暗时代的代理者"(《大未来》,托佛勒著,吴迎春、傅凌译,台湾"时报文化"出版)。

了解了法师的宗教信念和学佛的态度,看到了这些年里他对出家弟子的严格要求、对在家弟子的开明教诲,接触了慈济志业的理想和本质,相信人们也会期许:慈济或许是未来"新光明时代的催生者"之一吧!

一天只有二十四小时，如何处理"四大志业"和种种难题？

——时间管理与"镜子原理"

生命短暂，所以要加紧脚步、快速前进，不可拖泥带水，切勿前脚已经落了地，后脚还不肯放开。"前脚走、后脚放"：昨天的事就让它过去、把心神专注于今天该做的事上。

证严法师

背景

若问现代人最缺少的是什么？"时间"绝对名列前茅。

在公司,永远都有开不完的会、写不完的报告、拜访不完的客户;家中除了有做不完的家务,还有为家人操不完的心。早上起床赶搭公车开始,到晚上精疲力竭上床睡觉为止,永远都有办不完的事,天天都得和时间赛跑。

事情多,其实不打紧,真正的痛苦是"烦"。年少时,为课业、为友情烦恼;成年后为爱情、为工作苦恼;人到中年,又要为家庭生计、为养育子女烦心;老来则为病痛懊恼不已。升斗小民有升斗小民的烦恼,企业巨子有企业巨子的烦恼;无论贫富,满腹苦楚,似乎无人能幸免。

而时间、生命,这些宝贵的资源,就在这大大小小的烦恼中,点点滴滴地流逝了。

考验

虽然身为出家人,法师却比一般人更投入世事。慈济功德会有四大志业、八大脚印,包括慈善、医疗、教育、人文、环保、骨髓捐赠、国际赈灾及社区志工。如此庞大的志业体系,他的忙碌可见一斑。那么,他又是如何安排时间、处理各种难题呢?

曾有位日理万机、饱受疲惫之苦的企业家问法师:"我每天都有见不完的人、处理不完的公事,许多难以解决的问题缠绕着

不断地提升

我;时间总是不够用,生活一直处在紧绷状态。慈济的志业如此庞大,我见您每天也都有处理不尽的事,不知您是如何安排时间,管理情绪的?"

法师回答:"面对许许多多的人、事、物,我的心始终如一面镜子。人来了,将他的问题映在心上;人走了,他的事情就从我的心头移开。可以平静地见下一个人,处理下一件事。"

我们常常进行一件事时,心里还记挂前一个问题,事事累积心头,烦恼愈积愈多,心情愈来愈不清明,事情自然处理不好。"时间管理"专家塞维特(Lothar J. Seiwert)的名言——"我们没有处理完的,处理了我们",大概是许多人都体验过的苦恼。法师告诫大家:"每一刻都必须专心处理当下的事。我从来不想太远的事,都是从当下的问题和需要开始,专注眼前,才能把事情确实做好。"

在时间的概念上,法师有不同于一般的体认。他是以"秒"来计时的。"大家常说'过年关',我说我们要'过秒关',行善必须分秒必争。"生命可贵,分分秒秒都是应该珍惜的,尤其在生死相关、行善救人的事上,哪能不"分秒必争"呢?而人们既然常感叹"人生苦短",为什么还要让时间分分秒秒流逝?

人是情绪的动物,总会有怀忧丧志的时候。法师曾说:"人生难免遭遇挫折,我也有过灰心的片刻,想要放下一切。每当这种感觉浮现时,总会有另一种声音响起:'没有人逼你这么做啊!想想看,你是怎么开始走上这条路的呢?'这时,我会想起最初,想起地上的那一摊血。回归到原点,心里会重新激起无限的力量。"

这就是"恒持刹那、把握当下"的道理。是把当时一刹那的感动与发心,恒久而坚定地保持下来,作为永远在内心里燃烧自己、驱动自己的力量。因着这分动力,我们更会善自把握住当下的每一秒钟,好好地运用,才不会让时间空空洞洞地溜走,也才不会辜负了当初的深刻感悟与悲愿。

影响与省思

每个人的一天都是二十四小时,有些人活得充实,有些人虚掷光阴;有些人善于安排时间,让生命发挥最大效益;有些人庸庸碌碌,一事无成。《时间舵手》一书的作者葛里斯曼(B. Eugene Griessman)博士说得好:"成功与不成功的差别,在于你如何利用所拥有的二十四小时。"

对法师而言,他所拥有的"时间单位",远比二十四小时要丰富得多,因为他是以"秒"度量,一天就有八万六千四百秒。换一个角度来看,这种"以秒计时"的态度,彻底而明显地突出了时间

149

的价值。

人们无法善用时间,无非是"沉湎过去"或"幻想未来"。但未来是妄想,过去是杂念;专注眼前,谨守当下的本分才是要务。法师多次告诉我们,时时专注,就是时时禅定;事情一旦过了,就该让它过去,就像走路时必须"前脚走,后脚放",前脚落了地,后脚还不肯放开,只会原地踏步,丝毫不能前进。

"光宝"企业董事长宋恭源先生,是一位成功的跨国企业家,他一身兼几十个总经理,经常台湾、大陆、美国、马来西亚……往来奔波。事务的繁忙可想而知。他曾亲口对我说,法师处理事务的"镜子原理",给了他极大的启发。面对当下,就只处理当下的事,事情一过立刻放开,不能让情绪的残影、事务的遗痕再留在心上。目前他已经学到百分之五十了。这为他节省了大量的时间和精力。

你觉得时间不够用吗?法师的"时间管理",也许是个有用的参考。

考验

第五篇
世界的经纬

说得容易，做得难。

如何培育大爱实践者？

——慈济委员的养成与传承

以"戒"为制度、用"爱"做管理。

证严法师

背景

四十多年前，法师和几位弟子成立慈济功德会，在花莲展开济贫工作。初期，只是一个克难的小型组织，一九六七年，功德会成立一周年，委员仅十人，会员也不过三百多人。近十年来，慈济的发展突飞猛进，慈济委员加上慈诚队员超过四万人，会员更超过四百万人次。

法师是慈济的精神支柱,委员和慈诚队员则是实践者。委员及慈诚队员们上山下海,四处散布大爱的种子,他们的一言一行,是慈济精神的直接表征。

考验

早期知道慈济的人不多,推广慈济的理想难度高,能募款的人也少,要当委员很简单,只要你有心想做,认同师父的理念,有资深委员肯带,经过法师的当面调教、遴选后,几乎就可以成为慈济委员了。可是随着慈济的快速成长,情况就有了变化。

俗话说:"人多好办事",往往也因为人多,又形成了管理上的困难和死角。快速成长的背后,慈济曾面临的最大考验是:如何在众多人中,精挑细选,培养委员,让他们兼具慈悲喜舍、诚正信实的精神,成为慈济的大爱实践者?

一个组织能否长治久安,制度是重要命脉;在慈济,也不例外。委员日益增加,法师无法像过去一样,亲自教导、遴选,所以他为委员们制定了一套行为准则,称为"慈济十戒",使慈济人的言行得以"标准化"。

"慈济十戒"包括:一、不杀生;二、不偷盗;三、不邪淫;四、不妄语;五、不饮酒;六、不抽烟、不吸毒、不嚼槟榔;七、不赌博、不投机取巧;八、孝顺父母、调和声色;九、遵守交通规则;十、不参与政治活动、不示威游行。其中前五项为佛教五戒,后五项则是法师依时代现况衍生出的生活准则。

以"戒"为制度外,法师还要大家"有事可做",在行动中落实慈济精神。募款是慈济委员的主要任务之一。要求委员募款,法师主要用意在于募"心",募起大家乐于付出的爱心。

借着募款,委员可以多了解会员、关怀会员,帮助他们排解困难。了解、协助别人的同时,委员们也有机会自我学习、成长;此外,委员们还必须分组从事慈济的志业,包括环保、访贫、救灾、骨髓捐赠……等八大社会服务工作,从中学习人生的道理。

如今在慈济,一位委员的诞生,必须经过至少一年见习与一年培训。成为正式委员前,会员须参与各式课程,自然而然受到慈济环境的熏陶感染,深刻了解慈济精神;这就是法师常说的:用"境"改变人。

"见习委员"与"培训委员"类似"实习",跟随正式委员从事委员应做的工作,之后才能成为"正式委员"。

影响与省思

"以'戒'为制度,用'爱'做管理",可以充分表达慈济委员养成历程的精神意义。以"戒"为制度,是以条约来规范慈济人的行为,在成员不断增加的情况下,是最合理、有效的管理方式。

不参与政治活动、不喝酒等要求,对某些人来说可能严格了一点,但慈济是一个佛教团体,委员代表的是慈济形象,自身规范比社会标准高些,无形中有一种鼓励、期勉、相互学习的作用;更重要的是,这"十戒"不仅让慈济委员在外面的表现,更加严谨、端庄,也让委员的内里,蕴涵了一分共同的允诺与认知,借着这些戒律,教育自己、督促彼此,一步一步走向大爱的天地。

公司、机构,可以要求成员遵守共同的规定。慈善团体就不同了,慈济对成员其实没有任何强制性。在慈济,完全是自己管理自己,靠的是大家的自发性与同侪的感染力。法师做的,不过是激发大家对慈济的信念,净化各人生活的态度,让大家自动自发地参与慈济、管理自己。

事实当然不像字面上那么简单。

美国哈佛大学教授弗里德瑞克·绍尔(Frederick Schauer)(他是研究美国宪法第一修正案的专家)在谈到"规范"的时候,就曾说明,"除非规范的接受者觉得有理由严肃地接受它,否则规范将毫无用处。"慈济委员能够严肃地接受这些戒律的理由,是因为有着法师多年来立身行事的典范;是因为有着前辈委员近在身边的躬亲践履;是因为他们原本就认同了慈济的理念与做法,满怀热情地参与了这个组织,个人的动机与内在的自律显然比一般人强大得多。

正因慈济人的自律,多半是发自内心的热忱与真诚,不是受到公司、组织的强制约束,才能成为一股源源不断善的动力。

"慈济"是个人的事业吗?

——"共同愿景"的惊人力量

做慈济靠的是团队分工,不是个人力量;

行善必须有智慧相随,才能日久天长。

证严法师

背景

据统计,待过少年观护所的孩子,期满回家后,再次犯案的几率往往比较高。追究根源,多半因为这些孩子来自问题家庭或不良环境,一段时间的教化调养后,回到原先的生活环境,犯罪的因素又再度围拢过来,意志不坚的人,难免再次失足。

有感于这种恶性循环的处境,可能毁了孩子的一生,曾有位慈济的师姊,好心收留了一位刚从观护所出来的孩子。这个孩子生长在单亲家庭,父亲是司机,有严重的暴力倾向,导致小孩也出现暴力行为。在慈济师姊的细心照顾下,孩子的行为有了显著的改善。

见到这样的情形,法官十分欣慰,询问这位师姊是否愿意继续收留这个小孩,甚至在能力范围内,多收留几个观护所出来的孩子?

考验

师姊和孩子已培养出感情,很想继续和他相处下去,但孩子的父亲坚决不肯接受父子分离的事实,曾经为了寻找小孩的下落,到处放话威胁,使得她一家笼罩在暴力阴影中。为此,师姊困扰不已,在不知如何是好下,只有向法师求助。

听完师姊的陈述,法师静静地问了她几个问题:

"你先生同意收留这个孩子吗?"

"他并不支持我这么做。"师姊答道。

"你收留这个孩子,他的父亲有什么表示呢?"

"很生气！听说他正在四处打听我的住处,语气很难听。"师姊接着又回答。

法师神情严肃地说:"想想看,有两个父亲不同意你收留这个孩子,即使勉强留下了他,也不能担保未来的安全;但在现实里,已经造成了两个家庭的问题,这么做适当吗?"

师姊听完,一时哑口无言。

接着,证严法师又问:"照顾这个孩子花不花时间?"

"当然花时间。为了全心尽力照顾他,花掉我大半的时间。"师姊答。

"那就对了,为了这个孩子,你必须少做许多心里想做的事或该做的事。照顾这个孩子,是一件好事,但却造成两个家的难题;更重要的是,孩子的生父希望父子团圆也是人之常情,你的好心却招来他的怨恨,随时可能危及你及家人的安危,一旦出了事,怎么办? 难道没有其他的选择吗?"

听完法师这番话,师姊当下豁然开朗,不再坚持做这个不受家人支持,又危机处处的工作。同时赶紧联络专业的家庭辅导单位,希望经由他们的协助,可以帮助这个孩子和他的父亲,挽回一个家庭;至少,以他们的经验和专业,处理起类似的情况,也比她这个单纯的善心人熟练多了。

影响与省思

法师常说："行善必须有慈悲心,更必须有智慧。"他也强调："绝不能为了救一个人,害了另一个人。"

在慈济,每项慈善工作都经过审慎评估,经过集体讨论和专家分析,才决定执行程序。

法师希望,慈济各种志业的完成,靠的是团队分工,是整体互动,而不只是个人的力量。举例来说,救灾、访贫时,慈济人不可自掏腰包,救助金必须以慈济名义发放,不是个人之名。因为自掏腰包很容易让灾民"认定"你,只要有问题,以后都会来求助于你,造成个人不必要的困扰。透过慈济,救助金的发放也会比较公平合理,对大家都有益。

不仅要大家以团体力量做慈济,面对外界赞许时,法师总是回应："这不是我个人的功劳,是每个慈济人的功劳。"

慈济是团体志业,是每个人都可以投入的志业,不是哪一个人的事业。又因为它的愿景是大家都在追求的愿景,它的成果,也分享到每一位成员的身上。

当代最杰出的管理大师之一彼得·圣吉(Petet M. Senge),曾以《第五项修练》一书荣获世界企业学会的最高荣誉——"开拓者奖"。在这本书的中文版序里,他解释书中的原理和技术,"植基于不断省思我们心灵深处的真正愿望";"植基于我们本有的创造性群体交谈能力,而使集体远比个体更有智慧";"植基于重视整体互动而非局部分析的思考方式"(郭进隆译,杨硕英审订,台湾"天下文化"出版)。

用它来透视慈济的组织运作和行为模式,更可以看到慈济能量的所在。

行善必须有智慧相随,方能日久天长;行善也应该量力而为,做自己能力可及的事,才是既轻松又有意义的善行;行善更需要共同愿景的支撑,在一个相互学习、合作无间的团队里,尽一己之力,集众人之长,自然会水到渠成,福泽广被。

套一句彼得·圣吉的话:"当一群人真正奉献于一个共同愿景时,将会产生一股惊人的力量,他们能完成原本不可能完成的事情。"

该不该去大陆赈灾呢？
——如何踏出大陆赈灾的第一步？

"人伤我痛、人苦我悲"，让我们跨越政治藩篱、传达内心那分真实的大爱。

证严法师

背景

一九九一年五月，中国大陆华东地区发生百年罕见的大水患，洪水冲垮了河堤，淹没了屋舍、农田，也冲走了牛羊牲畜。大批灾民无家可归，被迫在地势较高的丘地，搭起简陋的屋篷。

透过电视新闻画面，法师看到了这不忍卒睹的景象。每当拿起碗筷,想到有那么多受灾人民无粮可食,一口饭便久久无法下咽。

没几天,慈济美国分会来了一份传真:"这里的人很关心大陆的灾民,大家都希望把捐款交给慈济,送到大陆赈灾,大家都在等待……"接到来自国外的殷切呼唤,法师却无法立刻号召大家来行动。两岸阻隔了四十多年,谁知道他们的有关单位,能不能接受慈济到大陆赈灾?

考验

究竟能不能、该不该到大陆赈灾?考验着法师的勇气与智慧。慈济内部,赞成与反对的声音也同时存在。

法师没有匆忙决定,却已展开前期的试探。第一步,他先请王端正副总执行长等前往"陆委会",探询公家机关对这件事的态度。没想到,大家一提出慈济有意赴大陆赈灾的想法,当时的陆委会副主委马英九先生竟回应道:"我们正在等慈济这样的民间团体,为大陆灾民伸出援手。"

得到公家机关的支持,紧接着法师便透过一位台湾文化界人士的协助,与大陆当局取得联系。对岸很快地传真回应,愿意接受慈济人前往赈灾,还特地设立"中国抗灾救灾协会",统筹办理慈济大陆赈灾事宜。

有了双方肯定的回应与善意的支持,法师的心意已决。遂以宗教家的慈悲襟怀,在慈济内部说明了他的决定。他强调,佛陀的教诲,是用慈悲心无条件地来对待世间每一个人,何况大陆灾民跟我们还有血浓于水的关系,我们岂能袖手旁观? 他的悲悯和决心,迅速唤起了慈济人的共鸣;同时即刻成立了"赈灾小组",由王端正副总执行长及慈济医院曾文宾院长领队,一行六人,展开了中国大陆的勘灾工作。

　　慈济大陆赈灾总算踏出历史性与突破性的第一步。

影响与省思

　　不同于世界其他地区,大陆赈灾的复杂度,肇因于盘根错节的政治议题。

　　一边是两个互不信任的政权,另一边是陷于苦难急需救援的人们。就算无法两全其美、尽如人意,进退之间如何拿捏得宜? 又一次,法师展现了过人的智慧。

　　慈济大陆赈灾有一个根本问题,能不能去大陆赈灾? 不止是台湾方面要考量,大陆官方的态度又如何? 彼此阻隔已久,猜忌又多,怎么打开双方的心扉? 怎样跨出第一步? 法师毫不躁进,先了解两岸官方的想法和态度,正式得到双方的认同与许可后,才加紧脚步,积极展开勘灾及救援规划。

另一个问题是——人们常把政治上的对立或冲突,转移到人与人的情感或生活中。尤其在两岸的关系上,时时出现压力或紧张,有些人就会提出"该不该"对大陆救援的问题。然而法师完全超越了这些。他"不涉入政治"的坚持,得以避免一切可能的干扰。毕竟,受到无情大水的冲击,失去家园的灾民是无辜的;面对苍生的苦难,怎么说都该以救人为第一,这也是慈济理念的核心价值——"无缘大慈、同体大悲"。他的慈悲和智慧,不仅凝聚了慈济人,也唤起台湾民众的热情和力量,纷纷响应,慷慨捐输。

大陆华东水患的救灾工作顺利开展,有三层重要意义:其一,在处理的程序及方式上,为日后慈济的大陆赈灾奠立了极佳的基础;其二,让大陆同胞感受到来自台湾的广大爱心,真正体现出两岸人民的亲情与善意;此外,克服一切内外的困难,彻底落实了慈济"民胞物与"、闻声救苦的慈悲精神。

耶稣曾说:"你应当爱邻人,如你自己";"你若不爱那看得见的兄弟,怎能爱那看不见的上帝?"《法华经》也说:佛陀的大悲心对一切人类都是平等的。

在这些诫律和教诲面前,华东水患是一项重大考验。法师以坚定的决心,实际的行动,验证了佛陀的教诲,光大了慈济的理念。

灾区那么大,灾民那么多,
从何处着手?
——华东水患显大爱

一粒米中藏日月,半升锅里煮山河。

证严法师

背景

取得两岸官方肯定后,慈济一行人踏上了大陆赈灾之路。现在回想起来,这条路还真不容易走,我们面临到的第一个难题是:遭水患所苦的灾区多达十九省,区域如此辽阔,该从何处着手?

考验

面对这个棘手问题,慈济救灾小组成员们盘算着:首先,必须从受困最严重的地区救起。与大陆有关单位协商救灾程序时,慈济提出了几项原则:

(一)一个目的:赈济受灾地区同胞,让他们度过寒冬。

(二)两个原则:

1. 直接——必须亲手将物资送到灾民手上,传达慈济人最直接的关怀。

2. 重点——让受灾最严重、最需要帮助的地方先脱离困境。

(三)三种不为:不谈政治、不作宣传、不刻意传教。

(四)四类物资:医药、食品(三到六个月的米粮)、衣物(棉袄等御寒衣物)、金钱。

由于缺乏互信的基础,慈济这样的提议,一开始并没有得到大陆官方同意。慈济人秉持着法师"人圆、事圆、理圆"的精神,向他们一遍遍解释;经过多次理性、平和的沟通,渐渐了解了慈济的作为和理念,大陆有关人员的态度有了改变。于是,彼此达成了共识。

赈灾小组首先前往安徽省,实地了解灾情,进一步拟出方案:请求当地相关单位统计灾民所需的粮食、衣物、医药、金钱及房舍数量,并决定协助福利院、养老院、学校、医院进行复原或重建。

完成勘察并作成具体决议,慈济赈灾小组便搭机返回台北,向法师报告整个过程及处理方式。法师听完后,向全体委员、荣誉董事开示"一粒米中藏日月,半升锅里煮山河"的理念(这篇讲稿的节录,后来在《联合报》副刊发表时,也引起了很大的回响)。随后,在他的号召下,大家立刻动了起来,展开街头募款,并在台大举办募款园游会。受到慈济大爱精神的感动,人们纷纷慷慨解囊,募集了大笔善款,慈济大陆赈灾正式展开。

在赈灾过程中,大家都坚守"专款专用"的原则,所有前往赈灾团员的机票、食宿费用,一律自行负担,绝不动用分毫大众捐献的善款。

到了大陆后,慈济人牢牢信守法师的叮咛:怀着一颗感恩的心,视灾民为手足;与他们共甘苦,不可流露富裕生活下的优越感;更要谨守十戒、注重礼节、和颜悦色,并全面食素,因为素食较简单,可以向灾民表达有苦同当的诚意,再者,灾难现场环境条件较差,吃素也卫生多了。

赈灾过程中,慈济人一直秉持"直接"的原则,亲自发放物资到灾民手上,让他们真实体验到来自台湾的爱心;发放物资外,慈济人还为灾民建造住屋,搭建的不是帐篷、铁皮屋,是让灾民可以遮风避雨、安身立命的钢筋水泥双层楼房。

影响与省思

慈济人在大陆所做的一切,解决了灾民眼前的困境,更让他们对未来燃起了希望。特别是当慈济的楼房建好了,许多人都觉得生命有了更美好的前景。有人老泪纵横地说:“没想到这把年纪了,还可以住进楼房。”一年后,不少年轻人纷纷办起喜事,孩子们的学校也有了着落。

慈济人真诚的付出,打破了许多大陆官方原有的坚持,不仅同意慈济的救灾原则,还发房屋权状给慈济大爱屋的灾民。以过去台湾对大陆制度的了解,这简直是不可能的事。

慈济坚持的“直接”原则,也有不凡的意义。

这项原则,一来可以让大家的捐款充分落实在灾民身上;二来也让慈济人在亲手布施时,懂得惜福。既济贫又教富,一举两得。另一个特别的意义是:在“亲手遍布施”的过程中,大陆人民能深刻感受到台湾的关怀,为彼此结了善缘,开启了两岸民间善意的互动。

怎么与大陆政府打交道?
——跨越疏离和冷漠

"理直气和"——遇到理念不合的人,要展现出更大的
耐心和诚意,才能让人心悦诚服。

证严法师

背景

和一群隔阂四十多年、政治理念不同的官员打交道,对慈济
人而言,无疑是一个考验。

刚到大陆时,慈济赈灾小组提出"一个目的、两项原则、三种
不为、四类物资"的救灾原则。听了慈济人冗长的陈述后,大陆

有关官员的初步反应是:"你们究竟计划捐多少钱? 为什么不将物资折成现金,交给抗灾单位统筹运用?"

更困难的是,官方和民众都有不少人对慈济抱着怀疑的态度:这些人会不会是国民党派来进行渗透的? 说不定这群人只是以宗教的形式,包装着某种政治目的呢!

考验

面对种种误解及怀疑,慈济人没有气馁。因为早在踏上旅程之前,法师已为大家做了心理建设:"此行是去'求'人家让我们来赈灾,在沟通时要知道尊重别人,要和颜悦色;如果人家的理念与我们不一样,务必尽力克服,忍辱负重,圆满达成使命。"

第一次会面,沟通失败,赈灾小组心平气和地回到饭店,等待转机。后来,终于在深入理解后,有一位官方人员表示愿意全力配合,才消除了歧见。展开救灾工作时,团员们也一直惦记着法师的叮咛:怀抱感恩的心,言语轻柔、面带微笑;不传教,不批评别人。

慈济人不辞辛劳地直接发放物资,无所求的付出与发自内心的真诚,感动了不少当地的领导干部,融化了他们原本疏离的心,慢慢地,这些干部们也相继加入慈济的赈灾工作。慈济人身

考验

体力行的无言沟通,溶解了僵化已久的敌意与冷漠。

与地方官员打交道时,全面吃素的诫令,居然发挥了奇妙的功能。记得第一次与地方官员同桌用餐时,原本大家高高兴兴地坐在一起进餐,但慈济人吃素,一顿饭吃下来,官员们也觉得有所不妥,从此与我们分开进食。不一起吃饭,少了应酬的机会,自然也减少了不必要的困扰;同时在地方官员的心中,更增加了对慈济人全心付出的认识和敬重。

影响与省思

大陆赈灾的过程中,慈济人诚心诚意、无私无我的付出,不仅让灾民感受到无限温暖,一旁配合的当地领导及司机等工作人员,态度也变了,原本的怀疑或不耐,转变成了佩服与感谢。后来,见到慈济人,他们也会双手合十、微笑致意。

在慈济,法师不时告诫大家:"信念要坚定,但'理直'必须'气和'。"面对和自己理念不合的人,心平气和地沟通,才能化解不必要的歧见。

帮助别人时,万万不可抱着施舍他人的傲慢心态,要想:"我们是去'求'人家让我们帮助的。"怀抱着感恩的心,除助人外无所求,接受帮助的人内心会更自在舒服,我们也才能得到真正的喜乐。

"千岛湖事件"后，大陆赈灾的挑战
——迎着风雨向前行

爱你的朋友简单，爱你的敌人困难。
化解心中忧恨，先从懂得去爱做起。

证严法师

背景

华东水患赈灾行动，似乎没有让慈济的大陆赈灾一帆风顺，一九九四年，数十名台湾旅客在大陆千岛湖上惨遭抢劫杀害。歹徒手段凶残，透过媒体的大幅报导，台湾民众对大陆的情感顿时骤降，无法遏抑的怒火，一时间蔓延开来。

正当台湾对中国大陆的怨愤升高之际,华南地区不幸又遭水患肆虐,千万灾民流离失所;广西、贵州地区因云贵高原山洪暴发,家园农田一夕淹没殆尽。

考验

无辜百姓正待救援,台湾民众的怨愤情绪,却在高涨。此时,要以慈悲心宽待所谓的"仇人",无疑是一项挑战。大陆灾民该不该救?如何救?再度对慈济造成极大的撞击与考验。

站在宗教立场,拯救苦难的人是最重要的使命,灾民一定要救。问题是:要怎么救才不会招致民怨与不满?若像以往一般,大张旗鼓宣导大陆赈灾,许多仍在气头上的人,恐怕难以放下愤怒;对那些亲友受难伤痛未愈的人,这么做又可能加重了他们的悲苦,真是举步维艰。

在这边,人们的伤痕需要时间平复;在对岸,灾民的苦痛急待各方救援。"千岛湖事件"后,法师满怀沉痛与悲悯,但依然以人溺己溺的精神,决心贯彻尊重生命的理念,只是在方法上,做了调整,他将相关的大陆赈灾改以低调处理。主要的做法是:

一、不募款:取消街头募款,不办任何募款活动。一切赈灾费用由慈济会员例行捐助的"国际赈灾"款项中拨付。

二、不发消息:所有赈灾行动都不发消息稿,不做任何对外的宣传。

低调行事,避免了不必要的争议与质疑,使得大陆赈灾得以继续进行。可是慈济内部仍有若干不谅解的声浪,不认同这种赈灾理念,当时曾有部分会员退出慈济。法师并没有因此放弃做他认为应该做的事。多年来,他一直秉持着无私忘我的精神,不断启发更多人,以不分你我、不论远近的态度,为悲苦的人们拭泪,在暗黑的夜里点灯。当年持续赈济大陆灾民的决策,虽然在一时间流失了部分会员,长年以来,慈济对行善的坚持与坚定,感动了更多的人,会员人数反而急遽增加。

影响与省思

"爱你的朋友简单,爱你的敌人困难",爱敌人是人类至高的情操。有时扪心想想:我们认定的"敌人",真的是敌人吗? 还是自己迁怒的"假想敌"? 以"千岛湖事件"来说,真正的"敌人"是那几个杀害台胞的歹徒,不是大陆普遍的民众,更不是受水患所苦的大陆灾民。迁怒于他们,徒然加深了彼此的误解与裂痕,增多自身的蔽障和偏执,既无法挽回悲剧也无济于事。曾有人抱着"父债子偿"的复仇心理,何尝不是迁怒之心殃及无辜?

但在事件当时,这毕竟不是容易的事。面对群情激荡,最好的方法,是像慈济一样,尽量避免过于刺激愤怒者的言语与行动,让人们的愤恨慢慢消退。

以往,也曾发生过台湾远洋渔轮上的悲剧。一位心态失衡的台籍船长,竟私自枪决了十余名大陆船员,手段也极残暴。人们又该怎样看待这一件事呢? 其实,这都是人间的大不幸。悲痛是当然的,检讨也是应该的,从法律、人性、社会的各种角度来反思,都有需要;唯有"迁怒",不是理性的抉择。

九二一大地震后,慈济人关怀大陆同胞的行动未因此稍减,还是持续进行各项赈灾工作,当地灾民格外感动,看到慈济人前来,莫不热泪盈眶,同时也对台湾的震灾表达了深沉的关切。临去时,家家户户更是排着香案欢送,场面热烈感人。

慈济赈灾团以"三心二意"——诚心、爱心、关心、敬意和谢意,来完成发放,缔造"善的互动、美的循环"。或许正如法师说的:"救济大陆就是爱护台湾,化解敌意最根本的办法就是'大爱',以爱心搭建沟通的桥梁,两岸才能和平友爱地相处。"

只有真正的爱,迎着风雨前行的爱,在水火交加时仍坚持不变的爱,才能够跨越时空,穿透人心与现实,为人间铸造和平的契机,为生命呵护良心的出路。

史无前例的国际救援，这个重担如何挑？

——大爱经纬全球

"落地为兄弟，何必骨肉亲"。

世界上任何地方有灾难，我们都应该伸手相援、发挥大爱。

证严法师

背景

一九九一年，对慈济是别具意义的一年。

慈济在国内的慈善、医疗、教育、人文等志业，都在稳定中前进，亚洲的另一个角落：孟加拉，却遭大水袭击。得知消息后，慈济美国分会立刻发起募款,并将消息报知台湾本会。法师即时呼吁台湾的儿童,每人每天节省一个面包,就可以救助凄寒无依的孟加拉孩子;短短一个月内,慈济募得十五余万美元。随后将这笔善款交给红十字会,协助孟加拉灾后重建。

援助孟加拉为慈济的国际救援拉开了序幕;慈济的救援脚步,真正踏上海外的第一站,是蒙古国。

蒙古国紧邻俄罗斯,长期在政治、经济上仰仗苏联、东欧。一九八九年,东欧发生巨变,苏联也逐渐走向解体;他们纷纷撤走所有对蒙古国的援助。一时间,生产机具、技术人员严重缺乏,造成蒙古国各项民生物资短绌,陷入生存困境。

一九九二年八月,法师接到蒙古国红十字会会长请求救助的讯息,即时研究相关的资料,了解实际情况。同年十一月,随着寒冬逼近,蒙古国的生活条件更趋恶劣,总理加瑞斯再度向世界各国恳求援助。此时,慈济正式派遣志工前往蒙古国实地勘察,回国后一刻未停,拟定援助计划;同年十二月,慈济人再次踏上蒙古国,亲自发放救援物资。

考验

海外救援,是慈济慈善志业的另一个里程碑。面对这项史无前例的任务时,法师掌握了一项原则:先了解再行动。了解所有情况后,勇敢地下达决定、谨慎地付诸行动。

"先了解",是法师跨足任何新领域的先行工作,第一次国内救灾如此,第一次国际赈灾如此,推动骨髓捐赠工作也是如此。

与此同时,法师对国际救援工作,也订出了一套行动准则:

一、直接:救援的物资不透过任何机构居中转介,慈济人坚持"亲手遍布施",让救援物资与慈济人的关怀,直接送到灾民手上,也可以节省时间,避免浪费。

二、重点:物资有限,必须选择重点协助,使受灾最严重、最需要协助的地方及早脱离困境。

三、尊重:无论到哪里,都要尊重当地的风土民情,不是上对下的帮忙,是抱持不卑不亢的态度,以朋友立场去帮助别人。

四、务实:一分救济要有一分效果,避免造成无谓的浪费。例如,援助蒙古国行动中,救援物资便就近在中国大陆采买、制作,节省不必要的运送成本。一九九三年,尼泊尔遭洪水侵袭,慈济派遣志工协助尼国重建家园,其中建屋设计、社区规划由慈济人负责,施工则交给当地的营造公司,慈济定期监工。

影响与省思

近十年来,慈济人的脚步踏遍了五大洲,二十五个国家。多数国家与台湾没有交往,但透过慈济的大爱,灾民们都深切地感受到来自台湾民众的关怀。

一九九九年八月十七日,土耳其大地震,慈济人前去救助,使小亚细亚的居民,首次感受到来自台湾的爱心。时隔未久,台湾发生了九二一大地震,远在土耳其的慈济人无法亲手帮助自己的同胞,但本着"无缘大慈、同体大悲"的精神,仍旧在土耳其做着奉献;台湾和慈济这两个名字,因此得到了土耳其人的尊敬;在各国前来台湾救援的队伍中,也有土耳其的救难专家。台湾为世界付出关怀,当我们有困难时,也获得世界各地更多人的协助。

回首五〇、六〇年代,台湾的环境、社会的建设、企业的基础都还不稳固的时候,我们也曾接受过"美援",接受过红十字会或其他国际组织的援助。如今,大家的生活改善了,经济富裕了,教育提升了,我们已经有了条件,能够对世界各地的灾难付出关怀,给予回馈时,大家及时而有效的行动——饥饿三十、泰北服务、慈济的走向海外……这些即知即行的救援,生动地表现了台湾对世界的道德允诺。"天下一家"的理想,"地球村庄"的启悟,都是在这里找到了它们的内容。

大爱原本无涯无界,愿人人都能本着尊重生命、不舍众生苦难的精神,在别人最需要帮助的时候,伸出援手。世界将因此更见温暖,人生也因此愈益丰富。

从零到 世界第五大的骨髓库

——我体内流的血,是你给的!

救人一命,无损己身。

我们正在寻求一个人,这个人可能就是你!

证严法师

背景

享有科技岛的美名、丰厚的外汇存底之外,台湾还有一项傲人的成就,那就是——台湾拥有全球第五大、也是华裔第一大的"骨髓资料库"。推动这项工作最为卖力的,是慈济。

故事缘起于一九九二年,一位名叫温文玲的海外留学生,不幸罹患血癌,必须接受骨髓移植,才有生存的机会。骨髓和基因血统有密切关连,配对成功的机会十分不易,在遍寻无门的情况下,温文玲向美国慈济分会求助,期望在慈济的广泛影响力下,找到和自己血脉相通的人。

接到这项个案,美国分会立刻展开几场捐髓验血活动,可惜几次活动下来,有缘人并未出现。海外找不到有缘人,慈济人又将希望转到台湾,期待温文玲能够在这块和她血缘最亲的土地上,遇到重生的机缘。

考验

消息从美国传回台湾。在当时,"骨髓捐赠"对台湾而言仍是一个陌生而"恐怖"的名词,一般人的观念里,"抽骨髓"是抽"龙骨水",多数人认为那会导致伤残或影响生育,千万使不得。

"该不该推动建立骨髓资料库呢?"基于不了解骨髓捐赠对人的影响,法师没有立刻下结论,却下定决心要把骨髓捐赠的利弊得失弄得一清二楚,再做决定。花了几个月的时间,他询问各地的专科医师,了解了相关的医学文献,亲眼见证捐赠者的健康情形,才充分认识到捐赠骨髓不会为害捐赠者身体的事实。有了这层理解,慈济义无反顾地积极投入了相关的工作,一次一次与"卫生署"沟通、协调,终获主管方面的大力支持。一九九三年九月,"卫生署"出面邀请全台各大医院、"中华民国"血液基金会及慈济基金会的代表共同协商,结果,大家一致推举慈济统筹骨髓资料库的成立及运作。

本着"尊重生命"的精神,慈济倡导骨髓捐赠的工作,就此如火如荼地向各界展开。委员精心策动下,第一场捐髓验血活动,吸引了四千多人参加,成绩惊人。事实上,第一场活动的四千多人中,慈济人就占了约一半;要带动风气,总得以身作则;如果自己都不敢捐髓验血,又怎能说服别人来参加呢?

之后,不管是学校、机关、公司行号,只要有机会,慈济委员便随从医疗人员,四处宣导骨髓捐赠的观念。为了推广这项志业,还筹划了两支广告,一支是以罹患血癌病童为主角的平面广告,海报中病童天真无邪的容颜,传送到世界各地,深深打动人心。另一支电视广告,得到影坛"大哥大"成龙的支持,义务担任代言人。不健忘的话,人们应该会记得这支广告:成龙慌忙认真地在街头奔寻,最后说了一句令人印象深刻的话:"慈济和我在找一个人,那个人可能就是你!"

经由慈济委员们努力地奔走说明,以及平面广告、广播、电视等各种文宣的推动,慈济骨髓资料库成立不到两年,已顺利突破十万人大关。目前更已接近三十万人的关卡。

影响与省思

尽管骨髓配对成功的几率不高,一笔又一笔的资料,却是那些急需接受捐赠者的唯一希望;这分爱心,也带动了无数捐赠人走入菩萨道。法师常说:"社会上多一位好人,就少一个坏人。"就是这个道理吧!

一九九四年五月,第一位非亲属受赠者魏志祥小弟弟,接受了台大学生叶美菁的骨髓,成功地活了下来。一年后,两人相见,魏小弟弟激动地说:"大姊姊,我的命是你给的,我体内流的血,也是你给我的!"听到这段肺腑之言,当时在场的人,都感动得热泪盈眶。

一九九九年九月二十二日,台湾遭逢百年来最大震灾的次日,全台的航空受到严重阻碍。早在地震发生前,对岸即已安排好一位等待骨髓捐赠的病人,准备在二十二日接受移植。突如其来的灾难,让这名病患以为希望即将落空,没想到,慈济却排除万难,准时赶到对岸,顺利将骨髓送到病患的手术房。

如今,慈济在大陆捐髓成功的个案仍持续增加,每次都是当地报纸、电视的大新闻。彼岸的同胞从这些事实里,看见了台湾民众的爱心;特别在浙江一带,连续的配对完成了数例,救了好几位病人的生命,媒体一再的报导,让当地台商也沾染了这分荣耀,走起路来都格外有精神。

目前慈济已完成上千例的非亲属骨髓移植手术,受捐者截至二〇〇六年九月底已遍布美国、加拿大、欧洲、澳洲、日本、新加坡、中国香港与大陆等二十五个国家、地区,许多海外人士因此认识台湾。慈济建立的骨髓资料库,更成为台湾在国际医疗事业上最重要的贡献之一。

如果以人口比例来说,台湾民众捐骨髓的比例,已经是世界密度最高的地区了,这也间接证明了台湾的爱心品质。

海外分会

如何"自力更生"？

——全球慈济网的建立

脚踏别人的地，头顶别人的天，享受别人的社会资源，
要回馈别人，才能得到别人尊敬。

证严法师

背景

十多年前，我和家人准备移民加拿大，临行前，依依不舍地
向法师辞行。当我们提到："以后，不能再像过去一样，为慈济尽
那么多心力了。"一时，难掩心中的怅惘。师父听了，却以一种平
常的欢喜心告诉我们："既然要移民，就把慈济的种子带到侨居

地吧！慈济像一股清流，可以流遍五大洲，不管你在哪里都可以继续慈济志业啊！"就这样，我与内人带着另一种希望在加拿大落脚。一九九三年九月二十六日，我们在温哥华成立了慈济分会，让大爱种子在异地生根。

没有刻意的、系统性的规划，慈济海外分会一处处在世界各处开花结果。一九八九年，黄思贤师兄在南加州购置了土地，美国分会正式有了自己的家，从此"台湾慈济"的种子便不断撒向各地，在全球五大洲逐渐生根苗壮。现在，慈济已经在海外四十个国家成立了分支会所。

考验

外界总认为证严法师非常有企业头脑，包括成立慈济海外分会，应该都是他将慈济组织国际化的计划之一。事实上，海外分会都是世界各地的慈济人自动自发成立的，一切都是因缘。

海外分会成立时，法师没有提供任何物质资助，只送了我们一句话："自力更生，就地取材。"所有的海外分会都是靠当地人对慈济的认同，凝聚了有心人的力量，一点一滴经营出来的。

没有硬邦邦的规矩，随缘因应当地的文化形态及社会需要，可又本着不变的慈济精神。这使得慈济在世界各地的海外分会各有特色,也都赢得了当地人的认同与支持。

以加拿大分会来说,慈济人每个月都捐钱给当地的食物银行(Food Bank),购买新鲜食物,发放给贫困家庭;定期到温哥华市区的老人院烹煮热食,陪伴老人聊天;也协助一个名为"轮椅上的餐盒"(Meals on Wheel)的慈善机构,到处递送便当给孤苦无依或行动不便的老人。一九九六年,分会募集了加币两百万元,与温哥华中央医院及六所医疗机构合作成立"慈济传统医学中心",为人类的医学研究更尽一番心力。

影响与省思

台湾有许多人为了事业、子女教育或安养天年,前往国外另辟天地,不少人却有若浮萍,无法打入当地人的生活圈。离开台湾前,法师告诉我:"脚踏别人的地,头顶别人的天,享受别人的社会资源,就要回馈别人,才能得到别人的尊敬。"这段话,一直铭刻在心,我积极投入当地慈善工作,不仅得到无可言喻的快乐与成就感,也得到当地人的友谊与尊敬,能真正在异域落地生根。

每次协助食物银行发放粮食给贫户时,当地的工作人员都会告诉我们,和慈济人在一起,是最愉快的工作经验,因为我们总是面带笑容,从不带走他们送给我们这些义工的面包。

一九九二年,因为一桩与韩裔侨民的冲突,洛杉矶发生了种族暴动。黑人激进分子纷纷袭击黄种人,报复他们长期对黑人的歧视。

一位来自高雄、定居美国的慈济会员,却在这个时刻有惊无险地避过一劫。那天她开车外出,不巧被一群黑人拦截,心想,这回误闯禁地,肯定大难临头。正准备受罪时,其中一个黑人竟问他:"你是韩国人？日本人？还是中国人？"她万分紧张地回答:"我是台湾来的!"没想到这群黑人的态度缓和许多,竟然放了她,还特别告诉她安全的行车路径,提醒她:"这附近很乱,赶快回家!"

摸不着头脑的她,后来听到一位黑人的解释,才恍然大悟。她能幸免于难,完全是因为美国慈济人长期照顾贫苦黑人,有感于慈济的这分恩情,该地区的黑人形成了这个默契,不要伤害中国人。

四年后,一九九六年南非雷地史密斯市(Lady Smith City)的不同黑人族群,因为感受到慈济人超越了种族和国界的大爱,决定效法慈济精神,放下武器,不再内斗,并以举办和平烛光晚会的形式,感谢慈济人带给他们的友谊和启示。

一九九九年,台湾发生九二一大地震,我们在侨居地募款,也获得不少的回响。有一个流浪汉来到慈济人面前,掏出口袋中的五包泡面，告诉我们："我没有钱，这五包泡面是今天别人捐给我的，我决定捐出来帮助台湾的人民。"也有流浪汉前来向我们致意："我没有钱捐给你们，但我想拥抱你们，表达我的敬意。"有些人干脆加入募款行列，一时间，远在台湾的灾难，却紧紧扣住了加拿大民众的心。

帮助世界各地需要帮助的人，使台湾的移民得到当地人尊重外，参与慈济的工作也让许多侨胞找到生活的重心，日子过得更快乐、更有自信。

有位加拿大移民，经济无虞，但与丈夫分隔两地，使她郁郁寡欢，对家人也诸多抱怨；加入慈济工作后，她全然改变了。在一次参加食物银行发放粮食给贫户的工作时，看到那么多人连三餐都成问题，她心中顿时产生无限感慨，突然觉得自己实在很幸福，第一次体会到丈夫在台湾赚钱的辛苦，从此不再抱怨与先生聚少离多。她语重心长地说："我实在很高兴自己站对了边，有能力选择站在'给'的这边，不是'受'的那边。"

法师常说，做慈济是为了"济贫教富"，帮助贫苦的人渡过难关，更要让富有的人在付出中懂得知足惜福。海外慈济希望能将慈济的大爱精神传送到世界各角落，促使各个民族间形成爱的互动；这同时，也抚慰了侨胞身在异地的孤寂心灵，让他们在付出中，得到自我肯定及他人的尊重。

信众的质疑：
我们也要建一座"寺庙"吗？
——无声的说法：巍巍静思堂

"静思堂"————一个能呈现慈济精神、无声说法的所在。

证严法师

背景

会员愈来愈多，活动愈办愈丰富，慈济急需一个大型"活动中心"。一九八六年慈济医院启业同时，法师做了一项重大决定：兴建一座雄伟、多功能的佛教殿堂，就是现在的花莲"静思堂"。

这个决议一经提出，却受到若干人质疑，不少人加入慈济、信任慈济,是敬佩法师的勤朴生活。慈济过去一直不曾兴建大型寺院,募得的善款都用来从事慈善事业;法师居住的"静思精舍",外观毫不起眼,内部陈设也十分简陋。如今,要投入庞大经费兴建"静思堂",和兴建华丽寺院有何不同?

考验

信众们的质疑,没有动摇法师的决心。他告诉弟子们,盖"静思堂"是为了他的师父上印下顺导师的教诲,他要法师"为佛教,为众生,多做一些贡献"。法师向大家表示,"静思堂"绝对会是座不一样的"寺院"。

在法师的构思中,"静思堂"必须呈现慈济精神,是一个无声说法的所在,规划上不同于一般寺院,反倒像一座大型的艺文活动中心。

"静思堂"内部规划,设有同步翻译的"会议厅",可举办世界级佛法、学术、医疗会议;有"文物展示廊",可以汇集海内外的宗教艺术作品,以及慈济成长历程中的重要文物;"感恩堂"是为了纪念对后人有启发功劳的慈济人及其事迹;"讲经堂"可以弘扬佛法,举办社会、人文、哲学等各类演讲。

更特别的是,"静思堂"一直是边建造边使用,只要某部分的建筑可以安全使用时,便立即开始运用。法师没有选择好日子举办"落成典礼"的观念,他认为,能用就要尽量用,发挥最极致效益,才是最重要的。到目前为止,"静思堂"尚未全面完工,却已经举办过无数大大小小的宗教、教育和文化活动;而每年五月的全球慈济日,数千名的海外慈济干部都会回来参加活动,相互交换心得,并且寻根。如果没有静思堂,真不知怎样容纳这么多人呢!

对于建筑物,法师向来讲求长久耐用,他希望"静思堂"不是一座普通建筑,是佛教徒、慈济人世世代代的精神堡垒;从选择建材上,可以看出他的坚持。譬如屋瓦,有人告诉法师,选用一般陶瓦即可,他坚持使用成本高许多的铜瓦。因为花莲多风雨,使用陶瓦必定要经常修补,铜瓦长年都不会破损,即使时间久远,铜瓦氧化成了红瓦,仍然美观,无须更换。长远看来,铜瓦反倒比陶瓦更实用经济。

影响与省思

现在,"静思堂"是台湾东部最重要的文化会堂,未来百年间,"静思堂"仍然会是东部重要的文化资产。

建医院,是为了治疗肉体的生命;筑"静思堂",是为了延续佛教的精神慧命。它是慈济无声说法的所在,代表佛教精神与时代意义。这不只是一座供佛教徒参拜的殿堂,更是一座结合历史、教育、艺术与宗教的精神堡垒。

"静思堂"的整体规划,破除了反对者对法师的质疑,透过各种活动、软硬体的呈现,让世人了解,佛教的真谛原来如此丰富、多元,为佛教做了完美的无声说法;也成为一座接引无数人成为慈济志工、走上菩萨道的爱心磁场。

丘吉尔说过一句名言:"人类创造了空间,空间反过来创造人类。"

从既有的事实中观察,静思堂的建造与运作,刚好替这句话作了一个贴切生动、正面的注脚。

不爱上镜头，
怎样去弘法？
——慈济讯息的传输历程

语言、文字皆如渡船。

为达彼岸，自需善用此船。

证严法师

背景

与慈济相关的书籍中，常会看到一张法师年轻时的法照，细心的人会发现，这是法师唯一的一张正式的"法照"，其余的不是团体合照，就是他行走或弘法时，摄影师捕捉的镜头。

法师个性含蓄，不喜欢面对镜头，出家后，只拍了一张法照。

他也不愿意上媒体,早年常常婉拒媒体采访,直到最近才偶尔同意接受采访。

人们难免存疑:"不会吧! 慈济那么有名,时常上报,九二一大地震时,更是广受海内外注目。法师的事迹还成了美、加中学生的选修教材;在国内,政大也开了一门'慈济学'的课。慈济如此具有影响力,法师怎么可能是个不爱接受访问的人呢?"

身为慈济人,才会真正了解,慈济其实不善于公关、宣传。无论是政大开课或成为美、加中学生教材,慈济从来没有主动运作;慈济有公关部,遇到特殊事件时会发新闻稿,却没有整体的"宣传策略",采访多半是热心人士的积极推动或媒体主动邀约的,法师接受采访的次数,更是少之又少。

除了含蓄依旧外,多年来法师在行为上还是做了些调整:不接受采访的原则,变得柔软了些;最令人惊讶的是,不爱上镜头的他,居然办起了电视台。

考验

从排拒上媒体,到成为大爱电视台的经营者,法师内心究竟经历哪些转折?

探究这个问题,必须溯及慈济讯息的传输历程。

力行人生佛法,强调在生活中学习佛法真谛,以行动落实佛陀的慈悲精神;虽然法师相信,行动是传递佛法最有力的方式,他却没有忽视文字的传播力量。一九六七年,慈济创办了第一份刊物——《慈济半月刊》,最初是介绍善款、善户,以资征信。后来改为月刊,内容愈见丰富和多样化:介绍慈济的各种活动,报导各地的好人好事,阐扬人间的真善美。这份刊物逐渐成为许多慈济人重要的精神粮食,发挥了教化人心的功能;二〇〇〇年至二〇〇二年,连续三年更荣获金鼎奖的肯定。

随着法师忘我无我的付出和教化,随着慈济人不辞劳苦地扶贫济困,更多人受到感动或感召,会员人数一天天增加,原先的机制已不敷所需。于是,慈济有了固定时段的广播节目,有了自己的出版部门,慈济讯息的传输,已进入多轨道的传播形态了。

近年来,透过《慈济月刊》等媒体介绍,以及各界的报导,慈济的精神与事迹愈传愈广,专程前来访问法师的人愈来愈多。他为了播种慈济的理念,也较以往愿意接受媒体采访了。不过,慈济还是很少主动安排他受访,也极少专程接受采访或上电视。采访法师,记者多半只能随着他的行程,边看边问,一方面法师实在太忙了,再者,他不只要记者问,还要记者亲眼看见慈济人的工作实况。

佛陀时代,只能用语言、文字来传递他的思维。现在,影像和声音,可以精确地传达慈济精神,法师打破原先的排斥心态,决意成立"大爱电视台"。

根据美国专业人士长期的调查显示,过去几十年来,人们收看电视的时数,一直在持续地、稳定地增加。在美国,一般家庭的电视收视情况是这样的:一九六〇年代,每天六小时;一九七〇年代每天七小时;一九八〇年代则是八小时。看电视的时间几乎占据了美国人休闲生活的三分之一。想想,它的影响力有多大!台湾今天的情况,大抵与一九八〇年代的美国相去不远,有心人是应该重视这种媒体了。

这个不为营利,几乎违背法师本性的决策,真正的动力是,他深刻体认到上述的事实。他明白电视是现今最有力量的传媒,如果能够善自运用,提供出真、善、美的节目,透过电视,慈济精神才能传得更广、更远。

"为慈济写历史,为时代做见证",是他对"大爱台"的期许。有了"大爱电视台",全球人都可以听到法师弘法,看到慈济人的善行善念,希望借此唤醒人们尘封已久的爱心。

影响与省思

早年立誓不收弟子的法师,后来却成立了拥有数百万会员的功德会;一个原本不爱上镜头的人,竟设立了电视台。从这些转变,我们看到,法师坚毅却不固执,随着时代和环境的需要,不断调整自己的做法;然而,他的精神理念总是如一。他是古人所殷切期盼的那种"圣之时者"型的人物,他能看到当下的究竟,也能掌握时代的特质,因而才能"与时并进"。法师让我们体认到,为了一个真正远大的目标,必须时时调整自己的脚步和做法,绝不能故步自封,沉溺在过去的成就或习惯的牢笼中。

考验

第六篇
希望的明天

花费那么大，
还需要自己的电视台吗？
——大爱台种种

天下苦难的苍生何其多，我们要将佛陀法音传遍人间，让世界充满大爱。

证严法师

背景

《慈济半月刊》开启了慈济传播志业的序章，随着资讯时代来临，法师渐渐体认到，传递佛教思想、慈济精神，让人心清明澄净，世间得到温暖关怀，善用传播媒体是必然的趋势。

慈济的文化传播，由文字逐步延伸至广播及电视等媒体。

一九八五年"慈济世界"广播节目开播,慈济真善美的传播由文字进入有声世界,许多不擅阅读的人,能够透过广播,了解慈济的世界,得到内在的祥和;广播迅速普遍的特质,弥补了平面媒体的局限。

有线电视刚刚开放不久,一九九五年,法师意识到,慈济必须善用电视这个影响力无远弗届的媒体,传布佛陀精神。他找到资深媒体工作者黄晴雯小姐,为慈济规划电视节目的制播工作。

设立电视台需要庞大资本,当时,有线电视正值"战国时代",各大财团无不投入巨资,争食这块大饼;其间不乏因财力薄弱,落得血本无归,草草收场者。有鉴于此,黄晴雯提出一个可降低风险的方案:不设立电视台,只成立制作中心。这个做法有两大好处,首先,各有线电视台都需要大量节目,站在供需立场,慈济制作节目送到各电视台播放,可以节省电视台的制作成本,一定会大受欢迎;其次,这些节目既可发扬慈济精神,又能省下庞大的电视台营运成本。

考验

法师接受了这个两全其美的方案,慈济正式进入了立体传播时代。当"慈济世界"的电视节目制作完成后,也很快得到电视台的支持,一九九五年十二月一日起,每天分三个时段在有线电视台播出。

"慈济世界"开播,成为宗教团体的创举;节目内容不单记录慈济人的行迹,也将人间种种美善事迹传送到各个家庭。一开始,大家都振奋不已,各方面的反应也很热烈。日子久了,问题却一一浮出。

单纯制作节目,交付电视台托播,最大的缺点是,无法展现慈济整体的特色;另一个困扰是,必须配合电视台的政策。这里面的问题包括:节目播出的时间必须与电视台商议,无法完全由慈济决定。一般电视台毕竟是商业取向,为了收视率而停播或调整节目时段,时有所闻;此外,无法掌控"慈济世界"前后播出节目的内容,也让人忧心,万一前后节目内容中有暴力或色情,慈济的节目将显得突兀或成效不彰。

为了完整呈现慈济精神,也为了发挥大众传播媒体正面的教化功能,法师几经思考,决定排除万难,于一九九八年元旦成立"大爱电视台"。

如今,大爱台已能透过卫星全球播送,虽不以收视率为指标,为了达到更好的传播效果,还是不断地改进节目内容。例如,早期的慈济新闻几乎都是以报导慈济活动为主,为了吸引更多人收看,后来也加入一般性的新闻,但却避免了暴力、血腥和官能导向的报导。慈济新闻并不与专业新闻台在时事新闻上竞争,而是将焦点放在民生议题、社会关怀及慈济活动上,和同类型节目有所区隔。

法师认为,戏剧最容易引起观众共鸣、打动人心,可是一般戏剧的商业挂帅与娱乐至上,却不为慈济所取。他要的是感动人心、教化人心的真实故事,所以不惜成本制作"大爱剧场",将慈济人的故事以连续剧的形式呈现,充分达到寓教于乐的功能,也给喜欢看连续剧的普罗大众不一样的选择。

为了节省庞大的人力及经费成本,慈济培训了一些传播志工,让有兴趣的慈济人投入节目拍摄行列。慈济节目部、新闻部人力到达不了的地方,志工们只要拿起摄影机,便能为大爱台传送精彩画面。

影响与省思

从筹建慈济医院、兴办护专及医学院、推动大陆赈灾、国际赈灾,到成立大爱电视台,法师不断地向艰难挑战,为苍生解悲苦,为佛教创新猷。若说建造医院是为慈济的慈善志业寻求活水,成立大爱台则是让佛陀法音更加地无远弗届。

透过卫星技术,大爱台的节目可以在全球各地同步播出。

法师说:"现在,不论你在世界的哪个角落,只要打开电视,调到'大爱'的频道,我们就可以走进你家,向你说法,关键在于你愿不愿意打开那扇门。"

常听到人们批评电视节目,内容如何地庸俗或情色泛滥、暴力充斥,或者受到了广告的左右。甚至美国的卡内基委员会,也曾在一份研究报告中指出:"这种利用公众频道从事商业行为,公器私用的情形,影响深远,令人担忧。所谓借广播电视助展公共利益……公共的论坛、推动民主的对话、提高大众的创造想象空间等等理想,在收视率至上的无情现实下,已经招架不住,全面溃退了。"(《美国电视的源流与演变》,George Comstock 著,郑明椿译,台湾"远流"出版)

"大爱电视台"的出现,是在这一"全面溃退"潮流下的逆势操作,一种纵身大化、力挽狂澜的努力。毕竟,人类内心中那股向上、向善的动力,是永不止歇的;英国"国家广播公司"的成就,美国"发现者"电视台的普受重视,乃至慈济人的大量成长,慈济理念在各地日益增多的肯定,都是大爱台破浪前行的保证。

当然,大爱台还在成长阶段,还有许多考验要突破。令人鼓舞的是,在过去的几年里,它前进的脚步愈来愈稳健,节目制作也日趋精良;台湾的频道设定已从较后面的区段,推进到较好的区段。在美加等地,大爱台更成功地被各大有线电视系统纳入频道组合,几乎家家户户的华人频道中,都可以看到慈济的节目。

传播事业的发展无可限量,却也危机重重,处处是地雷和挑战。可以确定的是,慈济绝不会因为这些顾虑,在未来的进程中缺席;更不会在时代的潮流中被席卷而去,它将永远在传播领域中扮演净化人心、关怀社会、追求善美的角色。

九二一浩劫发生了!

——大地震的救灾与动员

行善除了要有爱,还要有方法。

大爱是一切的动力,方法则来自于一次又一次的经验,

是不断从错误的教训中,淬炼而成的。

证严法师

背景

一九九九年九月二十一日凌晨,宁静的大地突然间猛烈摇晃起来。黑暗中,法师起身走出小寮房,在紧急照明灯下打开收音机,聆听着尚不明确的地震消息。

收音机里陆续传来零星的灾难报告,当时,最大的灾情是台北东星大楼倒了。由于西半部电力全部中断,震央所在的中部,没有传出太大灾情,无常而出奇的平静,反倒令人心生恐惧。

"快,打电话联络慈济医院、玉里分院和各地委员,了解有没有发生什么事?"法师忧心忡忡地指示大家分头探询各地状况。

这么晚了,拿起电话的那刹那,德融师父还有一丝犹豫。没想到,拨了好几个电话,都音讯全无。这时,法师知道,浩劫发生了。

在花莲,法师心急如焚,叮咛所有的人打开移动电话。灾难发生的同时,北、中、南各地的慈济人都即刻赶往灾区。两点刚过,距离第一次强震不到十五分钟,住在台北东星大楼附近的慈诚队员柯武雄、蔡铭洪赶到了出事现场。台中市,慈济总务处主任萧惠特一被震醒,赶忙骑着摩托车直奔慈济台中分会,这时还不到凌晨两点;同一时间,住在埔里的潘建源赶到了埔里基督教医院,爬上七楼,把患者一个个背下来……

九二一的凌晨,没有来自上级的指令,凭着一颗慈悲心,以及平时训练有素的救灾经验,慈济在全台各地陆续成立了三十个救难中心。

考验

经过这次灾难,不少人充满讶异地问法师:"您如何动员慈济的人力? 怎么会有如此高的效率?"听到类似的问题,他总是回答:"慈济哪有什么动员啊! 慈济人有的是爱,这分爱,就是慈济人'闻声救苦'的动力。"

没有上级的动员指令,慈济人已在各地自动自发地成立救难中心。远在花莲的法师,也在第一时间做了许多明智的决定。

地震发生不久,灾情尚未明确,他已研判出这次灾难非同小可,立刻通知台中及台北的师姊们,天一亮就去领钱;花莲慈济基金会也赶紧拿出两千万元,因应灾情需要。

九月二十二日,灾情持续传出,灾难规模超出想象。当大家全力投入救灾时,法师已经想到灾后复建的问题,开始采购简易组合屋所需的材料。同时,从花莲慈济医院派遣医疗团,召集各地的"人医会"投入救援行列;地震过后隔不到几天,法师亲赴灾区坐镇,调度一切救灾事宜。

抵达灾区后,他的第一个指令是阻止慈济人做冒险的事。例如,不可到交通已中断的山区救灾。法师告诉大家,这次救灾行动,慈济的定位很清楚——救灾的后援部队;主要的工作是提供救难人员及灾民饮食、茶水、医疗以及衣服、睡袋、帐篷、毛毯等物资,并从旁安慰灾民。专业救难工作,交由专业救难队执行。

安置灾民的第一步,是发给每位灾民五千元救助金。发放原则是:宁可误救,不要失救。安置灾民的工作分为三个阶段:安身、安心及安生。

"安身"是让灾民得以温饱,包括发放救助金、衣服、睡袋、毛毯,以及烹煮热食供灾民食用等等。

"安心"是为灾民办晚会、拜访灾民,倾听灾民心声,安慰灾民受创的心灵。

"安生"是建造大爱屋,给灾民一个安身立命的所在,帮他们重新拾起对生命的希望。

影响与省思

慈济在国内外从事过无数次救灾行动,法师不仅关心灾民的苦难,更重视慈济人的安危。他总是百般叮咛参与救灾的志工:"你们的安全就是师父的性命,救人的人,要先照顾好自己。"他进驻灾区的第一项嘱咐,就是要大家注意安全,不做冒险举动。并要求每天入夜回来后,必须清点人数,确保没有任何人丢失。

地震发生后不久,有位师兄深入受灾的山区,运补灾民需要的物资。回程的路上,车前方突然倒落一棵折断的树枝,这根树枝就横躺在路中央,车子还是可以通过。一时间,他不知该前进,还是煞车?当时,师兄只是本能地踩下了煞车。没想到,车子刚停下,巨石紧跟着树枝,瞬间落至数丈深的山谷中。惊魂未定,他回头一看,后面竟然跟着十几辆车。

他十分庆幸,自己的抉择让一群人逃过了鬼门关。将这件事告诉师父时,法师语重心长地说:"我来,就是要帮你们踩煞车啊!"

救灾的同时,慈济人总把自身安全放在第一,不要救人反成被救的人。九二一地震中,尽管投入了十几万人力,却没有人因救灾而伤亡。

慈济在九二一时所展现的惊人动员力及效率,与近年来推动的"社区志工联络网"、平日大大小小济贫发放活动的演练,以及国际赈灾的经验都功不可没。小至社区茶会,大到海外救援,经由无数次实际运作及事后检讨,才能淬炼出如此有效的动员与组织力。

这次救灾得到社会不少好评,但仍有人批评慈济爱作秀。事实上,我们有一个很重要的概念,扮演"补位"角色。政府在做的,慈济就不做;任务有其他民间团体接手,慈济就放手。例如

希望的明天

在灾区煮熟食,宗教团体纷纷进驻后,九月二十六日,慈济人陆续撤出,转而深入社区进行普查与关怀的工作。

　　不少人批评政府的效率不及慈济这类民间团体,其实,基础不同,处理方式就不同。拿发放慰问金来说,民间组织弹性处理,当然比较快;一般公务员必须依法行事,就得更加审慎周密了。经验是累积出来的,包括政府、慈济及其他民间团体,都必须用心检讨成败原因,才能一次比一次做得好。

给无助的灾民一个
"家"吧!
——慈济大爱屋

安身才能安心、让灾民早日拥有安身之所,才不会因受灾而陷入失志情境。

证严法师

背景

　　九二一大地震,一夕间震碎了台湾上万人的家园,许多人被迫在残破败坏的土地上搭起帐篷,暂时避居;薄薄的塑胶布下,他们无助地期待一个"家"。

　　政府给了受难灾民两个希望:请领"租屋补助费",自行在外赁屋;或者,住进由政府及民间团体搭建的临时组合屋。慈济是大力投入建造组合屋的团体之一。

考验

慈济投入建造组合屋的行列,第一个困扰法师的问题是:"究竟要盖出什么样的房子,大家才愿意搬进去住?"

几度斟酌,法师归纳出几个重点:

一是地点要近。政府有两种安家方案,一种是每人请领三千元租屋补助,自行在外赁屋;不采用这个方案的人,顾虑在外租屋不见得容易外,最重要的是不想离开自己的家园,选择灾区附近搭建组合屋,应该最符合灾民的期望。

二是房子面积要够大。最初,政府规划的是日本神户地震后所建的八坪组合屋,法师却坚持,组合屋的格局必须是三房十二坪。他主要的考量是,不希望住在大爱屋的灾民,因为空间太过狭窄,觉得"我是受难者",以致无法打起精神,重建未来。

三是必须坚固耐用又照顾到环保。虽然是临时居住的组合屋,材质仍需有防台、防震功能,否则若灾难再度发生,对灾民又是一次难以抚平的伤害。设计大爱屋时,便将屋子架高,地板离地面有一段距离,一方面土地可以呼吸,屋内湿气也较易排散。

大爱屋并规划了可供民众休憩、集会的公共区域。在这里，居民们有更多交流的机会，每个大爱村都可以成为相互照顾、相互扶持的社区。

动员了十八万人次志工投入抢建工作，慈济大爱屋建造的速度非常快；平均十天可完成一个村，全部一千七百户组合屋，十一月底全数完工。大爱村中，每块地板、每片墙面都有着无数人的爱。法师期望：每个住在大爱村的居民，都能在接受这分大爱后，发愿去爱别人。

众人期待的大爱屋建造完成后，慈济人的爱并没有就此中止。村民欢喜搬家时，慈济人不仅出力帮忙搬家，还赠送各式各样家用品。其中有社会各界捐赠的，像是瓦斯炉、热水器、窗帘、报纸等等；有些是慈济人采买的，像锅碗餐具、毛毯、棉被等日用品。这些都不是昂贵的大礼，却都温馨无限，充填了人间的希望和情感。就这样，大爱屋里里外外，盈满了众人的爱。

影响与省思

法师不断鼓励灾民："一时的灾难不是一世的落难"；"人生不怕跌倒，只怕跌倒了不肯爬起来"。慈济盖大爱屋就是要拉灾民一把，让他们可以尽早站起来。

"走进大爱屋,处处尽是家的温馨"是许多慈济大爱村居民的心声。每间小屋的墙上,挂的是台北慈济书画联谊会老菩萨们的水墨画作,上面还题着法师的"静思语":屋宽不如心宽。

十二坪大,人性化的空间设计,没有水泥墙、公设等虚坪,住起来像是二十坪的公寓,并不会觉得狭隘。慈济大爱屋,不但不输给任何一个先进国家的组合屋,更建立了台湾灾民组合屋的新标准,不少政府及民间建造的组合屋,都陆续跟进,比照大爱屋的规格。

建造大爱屋,慈济投入了前所未有的人力,十八万人次中,不分公司大老板、街头小贩,有人铺砖、有人砌墙,大家都投入自己的一分力量。法师常说:"人多、力大、福也大。"如此庞大的人力,不仅工作效率高,每个人都感受到付出的快乐;也都希望,凝聚众人爱心的屋子,能够带给居民无限祝福与重生的力量。

当大爱屋内亮起了灯光,孩子们坐在桌前写功课,主妇们可以料理三餐、晒洗全家衣物,一家人可以围坐在客厅看电视、聊天。我们似乎也看到了他们身上散发出的希望之光。

灾区教育不能等， 如何分担这分重任？

——希望工程之一：十方菩萨云来集

国家的希望在于人才，人才的希望在于教育；
父母的希望在于子女，子女的希望在于教育。

证严法师

背景

灾民们陆续迁入组合屋，不再困居帐篷，身心终于得以安顿，伤痛也逐渐平息；只是，眼前的乌云仍未消散——地震不仅摧毁了房舍，也震倒了学校。全省共有八百九十六所学校遭受程度不同的毁损，孩子们的就学机会眼看就要出现断层。

这一天,法师来到一所灾区的小学,看到学生们在帐篷搭成的教室中上课,隔着一层单薄的塑胶布,这边上着二年级的数学,那边正进行四年级的国文课。"教室"隔音不良,老师拿着扩音器讲课,造成了另一种干扰,在四面八方传来的声音中,学生们实在没办法安心上课。

法师带着万分沉重的心情踏上归途,因为,对这些逃过灾难的生命而言,黑暗还没有结束;灾难渐渐远离,重建的路才正要开始……

八百多所倒塌学校的重建,全由政府承揽,负担不免太过沉重;更要紧的是,教育工作不容蹉跎延宕。法师认为:国家的希望在于人才,人才的希望在于教育;父母的希望在于子女,子女的希望在于教育。学校重建工作一日不完成,孩子一日不能接受正常教育,无数家庭都会受到牵连影响。在这样的考量下,他毅然决然地做了承诺:慈济愿意分担这分重任。

"教育部"列出的四百多所认养重建学校名单中,慈济依受损程度、重建金额及地点偏远度,先后认养了三十四所中小学;不久后,又接下教育部委托的十几所学校。最后,慈济负责重建的学校,为五十一所。

考验

"希望工程"列车启动前,慈济面临的第一个问题是:如何找到足够并且理想的建筑师规划这么多所学校?

一九九九年十月八日,实地勘察灾区学校,确定认养全毁学校名单后,慈济从《建筑师杂志》、建筑师公会名单及历年来建筑得奖人名单中,选出二十多位杰出的建筑师,发函邀请他们参与"希望工程"。

十月二十四日,慈济召开第一次建筑会议,距收到邀请函的时间只有一个多礼拜,二十多位建筑师竟然全数到齐。会中,大家很快地自动认养四十几所学校,紧锣密鼓地展开勘察与规划设计的工作。

十二月二日、三日,召开第一次配置计划报告会议,建筑师们完成心目中理想校园的重建雏形;一个月后,所有细部配置,包括外观、管线、排水、通风等各部细节设计完成。如此庞大的重建工程,是所有参与者的梦想,除了注重效率外,慈济更非常重视相关人士的意见。在细部规划会议上,邀集了校方、家长会、慈济基金会及建筑师,展开四方会谈,充分沟通彼此的构想与期望。希望藉此凝聚大家的共识,建造出心目中的理想学堂,也建立起休戚与共的情感。

就这样，"希望工程"的园丁除了慈济的成员(包括建筑委员、营建处、工程志工)和建筑师外，还包括了结构技师、机电技师、景观、灯光设计师，及校方、家长、社会热心人士等各界精英。本着认真、诚意与专业的态度，慈济和每一位专业人士充分沟通，激荡出更完美的创意，获得大家一致的认同。

影响与省思

二〇〇〇年三月上旬，重建工程定案设计报告出炉。慈济认养规划的学校，各个兼顾了安全、舒畅、环保、景观、文化与学习趣味等多元化考量，"教育部"特别邀请慈济的建筑委员向其他承接重建工程的人员进行规划报告。

这次工程的一项共同难题是：校舍倾倒和毁损程度差异极大，难免会造成新旧建筑掺杂的景观。参与"希望工程"的建筑师中，不乏知名人物，在朝阳大学何教授身上，就发生了一段值得玩味的故事：

某次会议中，法师说："大家都说新旧融合，但何不'新旧创造'呢？"这时，只见何教授脸上一阵红、一阵白，额头也冒出了汗水。原来，这段话让他突然"顿悟"。回家后，他重新再画设计图,竟跳脱了既有的束缚,悠游新旧间,截长补短,创造出全新的意境。

一般的建筑多半只有二级品保(即品质保障。——编者注),第一级是营造商的品保,再就是业主的品保。万一业主对工程品质不熟悉,消费者、使用者只好自求多福了。慈济所承接的工程,却有四级品保:第一级是营造商的自主品保,第二级是建筑师的监造品保,第三级是业主(慈济的营建处)的品保,最后一层是慈济建筑委员的品保。每位建筑委员都是极为资深、经验老到的专家,设计不良或想偷工减料,很难过得了他们这一关。

建筑委员江子超说:"证严法师是第五级品保"。因为他事事求完美,加上慈济承接过的工程不知凡几,法师总是对着模型,前后左右上下端详许久,稍有不妥,他就会说:"你看怎样更好?"于是,案子就被退回了。长久下来,法师也算得上是"专家"了。

"希望工程"已经启动,对建筑师而言,这是他们理想的精品;对学校师生而言,这是他们梦想的园地;对每一个关心这片土地及台湾未来的人而言,这里有大家的希望与爱。

怎样来
圆一个孩子的梦?
——希望工程之二

希望工程要做到完美的整体规划,如一篇好文章,增一字太多、减一字太少、并且所有的文字都放在最合适的地方。

证严法师

背景

想抚平灾民的伤口,想重建孩子们的希望,慈济希望工程小组主动向失去校园的孩子们提出:"请说出你们理想中校园的模样。"

孩子说:"我希望学校里有一大片绿地,到处鸟语花香,坐在教室里有阵阵凉风吹来,还可以看到窗外的蝴蝶飞舞……"

建筑师们热切地回应:"你的梦想,我们帮你实现!"于是,这群筑梦的园丁,展开了他们奇迹似的工程……

考验

为了尽可能贴近孩子们的期望,"希望工程"的园丁们设立了几项工作准则:第一是安全的结构系统。法师的观念中,医院是遭遇灾难时的救难中心,学校则是避难中心,这两类建筑物是绝对不能倒塌的。因此安全坚固是建校的首要目标。建材一律采用钢骨钢筋混凝土,造价最高、工时最长,相对地,使用年限及安全性也最理想。

其次是"尊敬自然"。尽可能地保留校园的原始风貌外,建筑师们更设法让校园内外的景观相结合。以社寮初中为例:校园正中央由北而南是一条非常美丽的椰林大道,校门原先位于南方,椰子林正巧把校园切割成两半,于是,西半边的校园被遮住了,北面的山也只能隐约呈现。考虑到自然景致才是主角,应给予最大的发挥空间,为此,建筑师将校门改到西南方。在这一改动下,放眼望去,微斜的椰林大道姿态更美了;透过摇曳生姿的椰林缝隙,东半边的校园及层峦起伏的山景,也显得生气盎然且错落有致。

第三是降低噪音和回音。不少人都有这样的经验：上课时，外面车水马龙，各式噪音吵得学生无法专注，甚至听不见老师的声音；下课时，孩子们的嬉闹声又让邻居们不得安宁。为减低这类困扰，建筑师们在空间配置上，特别留意防止噪音和回音。

根据研究发现，车声的音率大约七十分贝，小孩子下课玩耍时的嬉闹声则高达九十分贝。在慈济的校园规划中，建筑师尽量将孩子们的动态活动安排在邻近马路等较靠近噪音源的区域，上课等静态教学活动则规划在较接近住家的空间。位于中兴新村的中兴初中，四周都是交通繁忙的马路，建筑师郭书胜先生便将建造时产生的废土做成斜坡，当作围墙，阻隔校外的车声。避免"口字形"封闭式的教室或走廊，则是防止回音的好法子。

第四，具穿透性的视觉效果。曾经写过许多畅销书的日本名教授多湖辉，过去也曾为电视公司制作过一部专题报导："一米一的视野"。他的这部电视制作完全以小学一年级孩子的身高、视野，来观看平日生活、学习的世界，并从中发现了许多设计的不合理处：忽略了孩子的身高、体能与观看的角度。电视播出后造成极大回响，从而带动了日本设计界一连串的改革和突破。

这个事实似乎未曾引起国内多少重视。但是在慈济所规划的每所学校里，都认真地思考到这一问题：要以一般小朋友的身高为考量基准,模拟他们进入校门时的视野,目光所及之处,究竟是什么？法师特别重视这点。他总是拿起设计好的模型,从正门角度端详,看看孩子们踏进校门那一刻,是否可以同时看到花园、教室以及校园后面的青山绿水。为此,建筑师有时会将建筑物往后挪移,让孩子们时时可以与层层山峦为伍。

第五,安全动线。校园建筑物的安全固然重要,交通动线及小朋友行走跑跳的安全更不容轻忽。慈济的规划案中,尽量不让车辆驶入校园或在校园内停车,放学的动线,则将校外附近车辆行驶动线一并列入考量,避免学生发生交通意外。

第六,日照、通风。法师特别叮咛,教室必须光线充足、清风拂面。"希望工程"规划的学校都是以夏天日照方向为准的南北坐向,照明充沛外,教室的通风也极佳。为灵活运用有限的空间,校园内也设计了不少剧场、广场等具多元化功能的半户外空间。

第七,环境保育。参与"希望工程"的建筑师们牢记着孩子们的梦想:鸟语花香、蝴蝶飞舞……环境保育当然是一项重要考量。许多大人们希望校园里多铺些水泥地,可以打篮球,或当停车场。一旦铺上水泥,泥土死了,虫儿不见了,鸟儿没虫吃,哪来的鸟语花香、蝴蝶飞舞？为让土地也可以呼吸,建筑师们想出了保持校园自然生态的折中办法:绿地多一点或铺地砖,留些缝隙让土地呼吸。

为求尽善尽美,重建过程中,建筑师们着实遭遇了不少困难。瑞城小学有部分建筑物没有倾倒,依政府规定,尚未达到重建标准,只能修缮,考虑到这些旧建筑物的设计并不理想,无法给孩子们理想的学习空间。负责规划的黄建兴建筑师将实况告诉法师,法师听了说:"那就打掉旧建筑吧!"

"可是这么做,会增加预算。"黄建筑师补充道。

"世间财,世间用! 钱不是最重要的考量,你要考虑的是如何将学校盖得更好。"法师说。

规划过程中,慈济不免会和校方或社区居民观念相左:有些居民希望学校里多设些停车场,慈济主张学校是孩子们接受生活与学习养成教育的环境,应以孩子们的需要为优先考量;重视体育的校方希望操场大一点,却往往受限于校园空间,法师将慈济的想法告诉大家:"两百米的操场,跑两圈不就是四百米了吗?校园多一些绿地、多一点弹性空间不是更好?"

即便无法尽如人意,慈济的用心恺切,也终能取得大家的认同。

影响与省思

时间刻不容缓外,势必需要一笔庞大的改建经费,从节省时间与成本的角度,许多建筑师认为,制式规格的建筑物最符合当下需求。参与希望工程的江之豪建筑师回忆:"最初,我的想法十分'务实',想以最快的时间协助学校重建,没想到法师看得更远,希望我们以'百年大计'的校园为思考及设计基础。"法师的远见来自于他对教育的理想,来自于他那一丝不苟的做事态度。他期望大家了解学校的特质与师生的想法,为孩子、为百年教育大业设想,尽量因地制宜,追求完美。

慈济的"希望工程"不仅帮灾区学童重拾希望,参与建设的人也都有了梦想与圆梦的机会:有的建筑师因此感到骄傲与荣耀;有人说:"我可以少接案子,多花心思在希望工程上。"

面对来自各界的褒贬,"希望工程"在法师与慈济人缜密的擘画下展开,"做希望工程就像写一篇好文章,增一字太多、减一字太少","要做就做最好的"。法师希望台湾人灾后重建的能力,能在一年后学校改建完成时,具体呈现在世人面前。

以众人的大爱为梁柱,用专业智慧做外墙,为灾区的孩子们打造希望的新学堂,也为自己打造美丽的新世界,正是"希望工程"能不断号召各界精英加入的原因。

开创生趣盎然的
学习空间
——希望工程之三

一栋房子的设计，若能照顾到人的基本需求，使用者在这样的空间里生活，自然会与环境激发出正向互动的气氛。

姚仁喜建筑师

背景

"希望工程"一天天成形了。在大家的热心参与、认真规划中，在众人的殷切期待、出钱出力下，这个寄托了无数人希望和梦想的工程，日益充实而丰盈地展现了它的姿采和特性。

进入校门,穿过绿地,听到虫鸣鸟啭,随着孩子们轻快的步伐,我们走进教室……了解"希望工程"整体环境规划准则后,大伙儿关注的焦点,逐渐集中在孩子们学习空间的细部规划上。

考验

为提供孩子们愉快舒适的学习空间,"希望工程"的建筑物设计秉持了几项特色:

第一,互动的教室空间与学习角落。建筑师在教室内设计了黑板区、读书角(室)、表演空间、电脑操作区、教具柜、置物柜……等不同功能的学习角落,教室桌椅可依课程需要采不同形式的排列:听课时,面向黑板;看同学表演,排列为观赏席,面向表演区;还可以排成马蹄型、小组讨论型……等等。同样的空间,在匠心的设计下,却具备了各种不同的功能,充分发挥了空间的有机性与丰富性。

第二,充满趣味的安全廊道。走廊设计含括了扩大活动的空间、加速逃生、通风等多项优点。为使小朋友在安全自由的空间中活动,设计楼梯时也刻意多留一些转换空间。对于活泼好动的孩子们,这是一个十分体贴而细腻的考量。

这种巨细靡遗的用心,也可以在窗子的布局上看出来。窗子有高低不同的设计,空气可以充分对流,也满足了孩子们坐在教室里有阵阵凉风吹来的心愿。

洗手间的设计更是贴心。根据学生人数多寡,每栋建筑物都有足够使用的洗手间;有些学校甚至每间教室内都有男女盥洗室。

种种特色外,慈济会不会因此建造出佛教色彩浓厚的学校呢?确实有不少人对"希望工程"抱持这样的疑虑。为使每所学校都能成为孩子们重要的精神堡垒,法师要求,学校原有的特色必须鲜明化,绝不能把个人的宗教倾向,强加给求学中的孩子。"桐林小学"是所人数极少的山地小学,以打棒球闻名全台,重建时便尽量凸显棒球场的位置及重要性。

集集小学简校长的希望是:著名的集集小火车从位于镇中心的学校旁驶过,希望这项特色能在校园内完整呈现。了解校长用心良苦,建筑师在校园内设计了"枕木步道",庭园也因石板建材而增色不少。

在这些个案中,人们几乎看不到所谓的"佛教色彩"。有的只是慈济的精神,对孩子的尊重,以及对每个不同校园个性与文化的体现。

影响与省思

　　姚仁喜建筑师说:"一栋房子的设计,若能照顾到人性的基本需求,使用者在这样的空间里生活,自然会与环境激发出正向互动的气氛。"建筑物绝不只是钢筋、水泥加管线的冰冷混合体,它可以是充满生命力的空间。所谓"建筑是凝固的音乐","希望工程"的目标不单是盖房子,还是一曲人性的合唱,是为孩子们创造快乐的学习空间,是一首洋溢着生命、阳光与爱的交响乐;因此,建筑师们对每个细节的设计都格外尽心。

　　建筑师规划出舒适的环境,孩子们得以专心求学,老师也能更认真地付出爱心和知识,让孩子拥有健全的人格、快乐的未来。至于你我,只要发自内心对灾区的孩子付出关怀,即便捐一块钱或搬一块砖,都是希望与力量。

再造人间新希望

——希望工程之四

"希望工程"就是让灾区有希望、家庭有希望、孩子有希望、让整个社会有希望。

证严法师

背景

二○○○年四月十日上午,台中县立"丰东初中"校门口堆放了一些砖头和砂石,慈济基金会校舍重建工程的动土典礼即将开始——这是"希望工程"第一所动土的学校,也是台中县灾后校园重建脚步最快的一所。

法师心目中,医院救助人"身",学校造就人"心"。校园重建不仅是硬件建设,更是关系台湾社会未来百年的"软件建设"。灾区学校重建名为"希望工程",主要内涵不仅要让倒塌的校舍重新站起来,更要让孩子们重拾希望。

考验

在这些优美的环境中,能够孕育出具有"天——虔诚、灵性、求圣,人——伦理、德性、求善,物——研析、知性、求真,我——觉悟、感性、求美"全方位人格的孩子,是"希望工程"最大的目标。透过扎实的硬件建筑落实这种"全人教育"精神,不只需要绝对专业的能力,更得有高度智慧。为此,设计校园时,建筑师们首重建筑物与自然景观的融合,各个细节都强调人性化,让孩子们生活其间、学习其间,都能够和人密切互动,对天地万物也有充分的探索与了解的机会。

建筑物往往能够传递不同时代的社会文化,当我们看到"万神殿",脑海中浮现的是罗马文化;看到长城与四合院建筑,会想到中国的历史与人文;摩天大楼则是二十世纪工商时代的产物。建筑学者曾经指出,人对建筑的情感来源,最直接的一面就是"生活本身的情感";建筑反映了生活,生活也塑造了建筑。一些知名的现代建筑,如澳洲悉尼歌剧院,就曾巧妙地融汇了当地的民俗文化,把白帆、贝壳的形象,和民间的传说强有力地结合了起来。在校园的设计上,法师非常注重它们是否能呈现自己的文化,也就是展现我们生活中的建筑特色。

"希望工程"中的每座校园,不管台基(垫高的基座)、屋身(山墙的设计)及屋顶(斜屋顶)的设计,都刻意凸显闽式建筑的趣味。

以黄建兴建筑师规划的福龟小学为例:这是一所客家村的学校,客家人心目中,"福"是圆满,"龟"是长寿的象征。建筑师特意采用传统客家的聚落形式,设计了一栋圆形的建筑物代表"福",又设计一栋六角形的建筑代表"龟"。另外还有一座钟楼,屋顶设计成农夫斗笠的形状,呈现客家农村的社会形态。

诸如此类的设计理念,为的是达成一项愿景:传统与现代的结合,过去与未来的衔接,以及,它们历久弥新的坚实精神。加州经历无数次大地震后,对建筑物有极高的设计标准;日本在阪神地震后,也订立了新的建筑标准;九二一地震,迫使台湾过去的建筑标准面临挑战。慈济的"希望工程"在规划时立下非常严谨的标准,便是希望这些重建的校园,能够长久伫立,成为后世的建筑典范。

法师希望这些校园重建完成后,不只能够发挥十九、二十九年的功能,还能世世代代留存下来;"希望工程"不只建造现代的建筑,也在打造"未来的古迹"。五十年、一百年后,农村生活可能已不复见,而在慈济援建的学校,却可以一睹当年的文化与生态。

影响与省思

丰东国中动工典礼上,法师致辞时说:"这是历史性的一刻。一九九九年九月二十一日凌晨那惊心动魄的一刻,毁灭了无数人的家庭,也震毁了几百所学校;那是毁灭性的历史。此时此刻,是建造性的历史——我们要把摧毁掉的,重新建造起来。"

把摧毁掉的,重新建造起来——不管有形的或无形的。

法师说:"人的生命才几十年,但多用点心,做出最好的学校,这学校不只是发挥几十年的功能,而是千百年都在培育人才。所以我们要把握因缘、争取时间——只要有心,就能集结大众的心力,共同打造千秋百世的大工程。"

重新建造倒塌的建筑物,重新拾起受伤后失去的信心,重新找回人与人间的爱。灾难夺去的,我们可以用更大的爱把它找回来。

一场突如其来的大地震,让我们了解到世事无常,也体会到"把握当下、懂得感恩、知道付出",才能解世间的苦,才能疗人间的痛,才能发挥出生命恒永的力量与意义。

图书在版编目(CIP)数据

考验：证严法师面对挑战的智慧/何国庆著.—上海：复旦大学出版社，
2014.1(2021.5 重印)
ISBN 978-7-309-10163-8

Ⅰ.考… Ⅱ.何… Ⅲ.佛教-人生哲学-通俗读物 Ⅳ.B948-49

中国版本图书馆 CIP 数据核字(2013)第 263585 号

慈济全球信息网：http://www.tzuchi.org.tw/
静思书轩网址：http://www.jingsi.com.tw/
苏州静思书轩：http://www.jingsi.js.cn/

原版权所有者：静思人文志业股份有限公司授权复旦大学出版社
独家出版发行简体字版

考验：证严法师面对挑战的智慧
何国庆 著
责任编辑/邵 丹

复旦大学出版社有限公司出版发行
上海市国权路 579 号 邮编：200433
网址：fupnet@fudanpress.com http://www.fudanpress.com
门市零售：86-21-65102580 团体订购：86-21-65104505
出版部电话：86-21-65642845
上海崇明裕安印刷厂

开本 890×1240 1/32 印张 8 字数 131 千
2021 年 5 月第 1 版第 5 次印刷
印数 16 401—19 500

ISBN 978-7-309-10163-8/B·489
定价：28.00 元